Anlaute

	K						

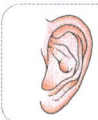							

(extra columns: img 6, 11, 16, 21, 26, 31)

Reimwörter

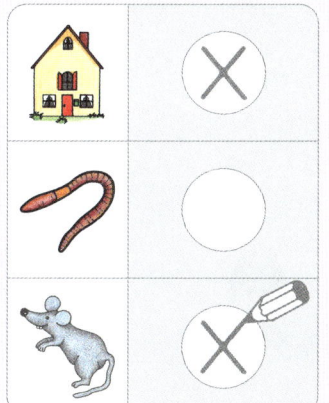 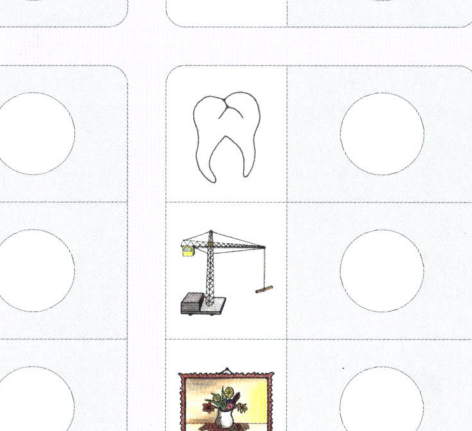  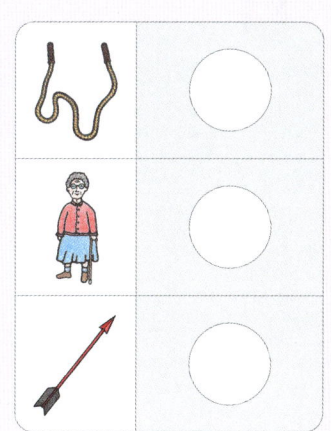 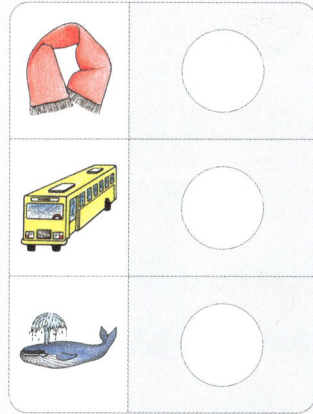 

Anlaute neben die Bilder schreiben.
Reimwörter ankreuzen.

 1

Sofa	Messer	König	Mütze
🛋 **S**	🦔	6️⃣	🧢
🐦	🔪	👑	🦘

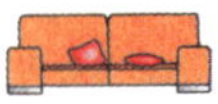

Käfer	Säge	Insel	Mond
🪲	🛖	🏍	🌙
✊	🪚	🏝	7️⃣

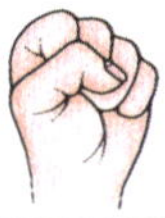

Sieb	Köchin	Palme	Fahne
🍳	👩‍🍳	🥬	🚩
🍉	5️⃣	🌴	🦘

Tomate	Ofen	Feder	Piratin
🍅	🔭	🎂	🏴‍☠️
🫑	🪔	🪶	🦊

Tisch	Fuß	Opa	Tafel
🪑	🛍	🧓	🎹
🐩	🦶	🛢	🗄

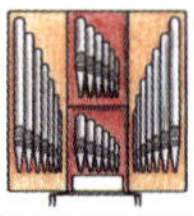

2

Anlaute der vorgegebenen Wörter neben die passenden Bilder schreiben.

Reimwörter

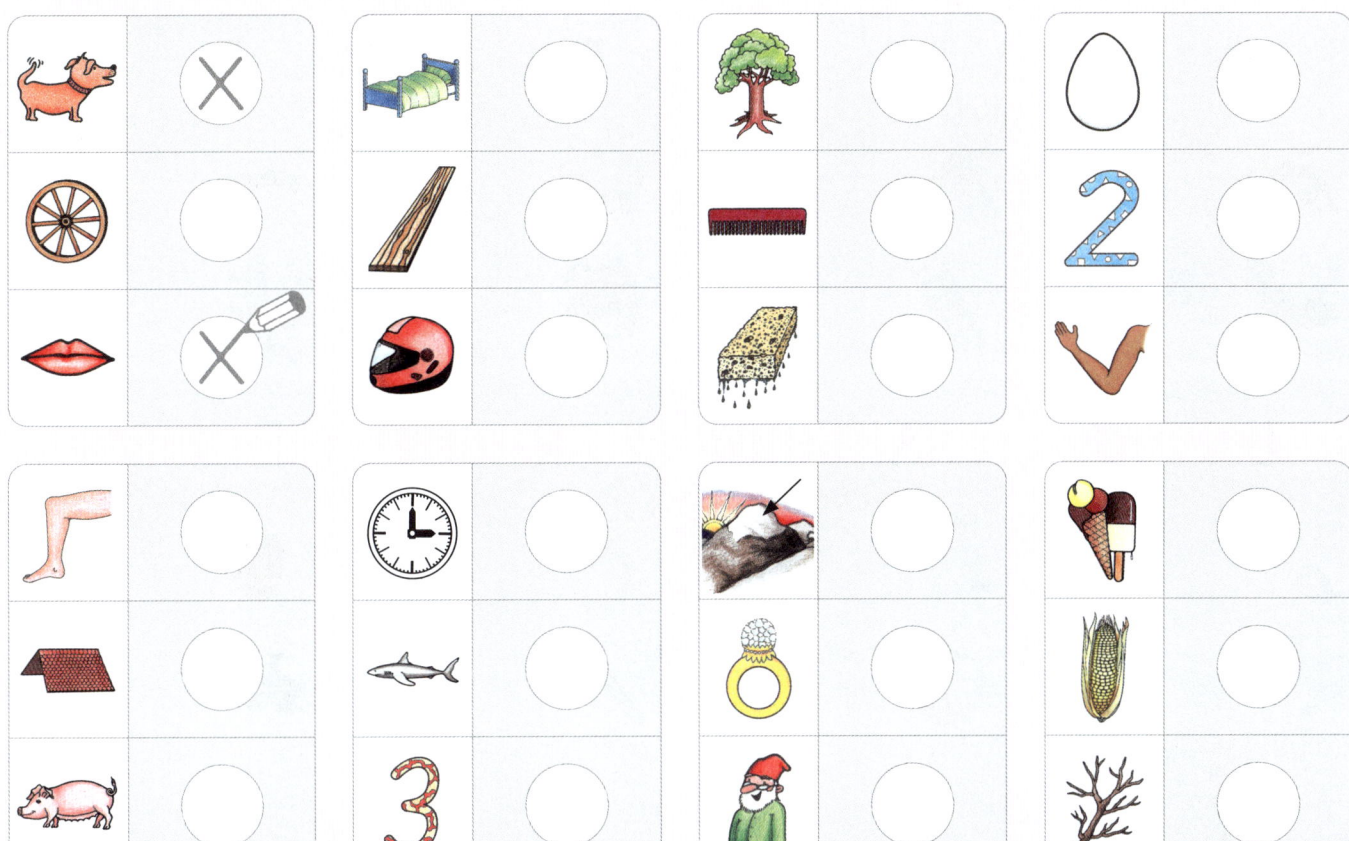

Anlaute

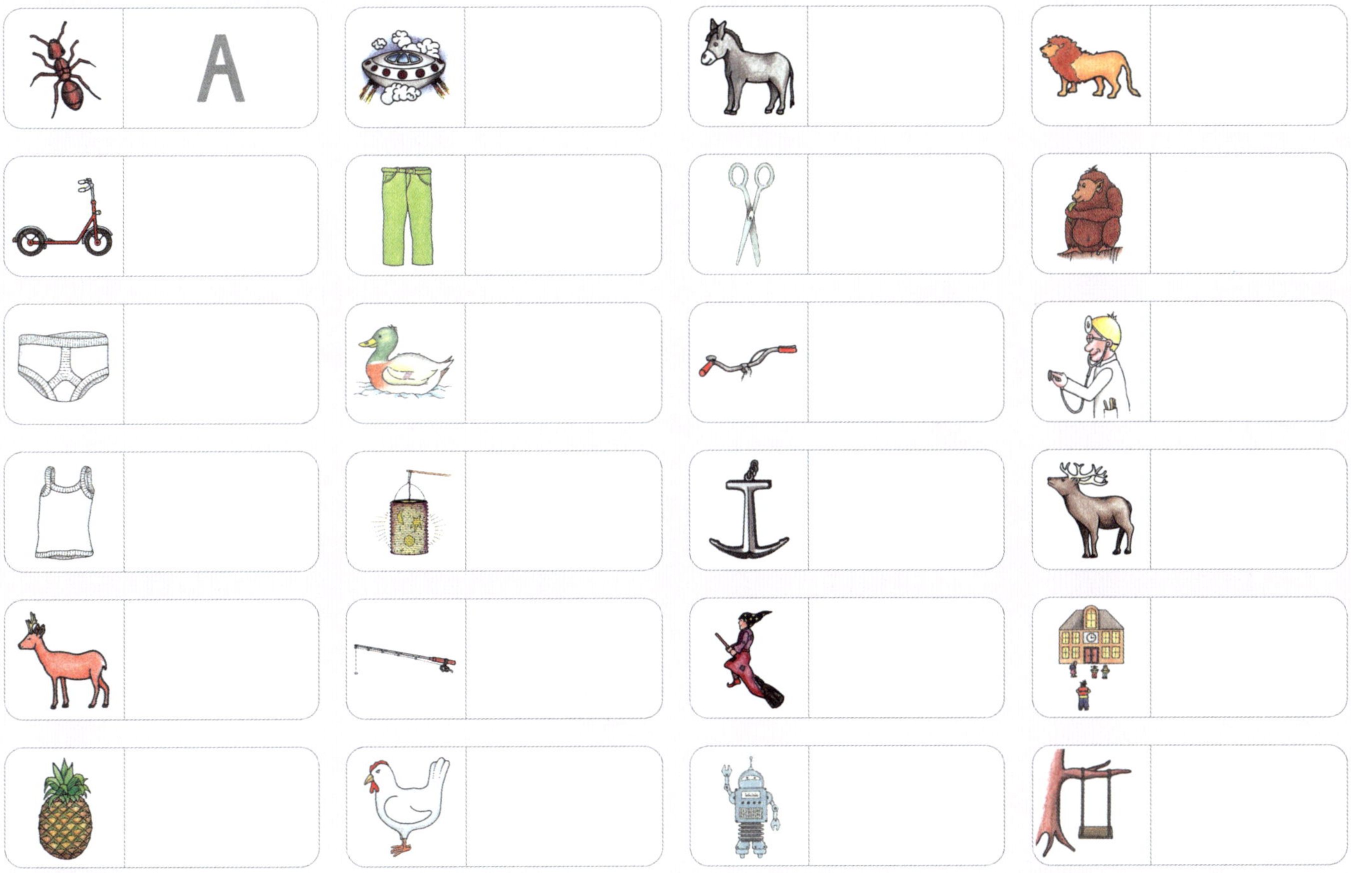

Reimwörter ankreuzen.
Anlaute neben die Bilder schreiben.

Anlaute

Adler	Leiter	Elefant	Raupe

A

Löffel	Apfel	Ring	Erdbeere

Arm	Regen	Lampe	Engel

Uhr	Hut	Schiff	U-Boot

Herd	Schaf	Helm	Schuh

4

Anlaute der vorgegebenen Wörter neben die passenden Bilder schreiben.

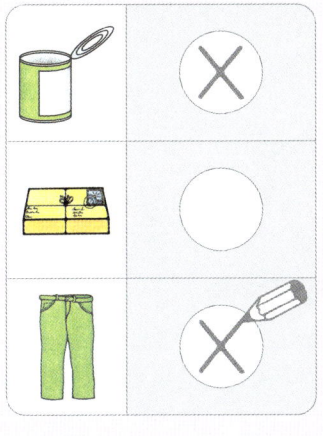 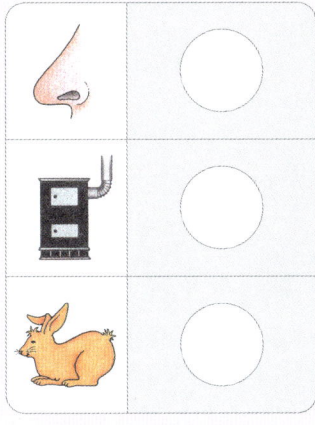  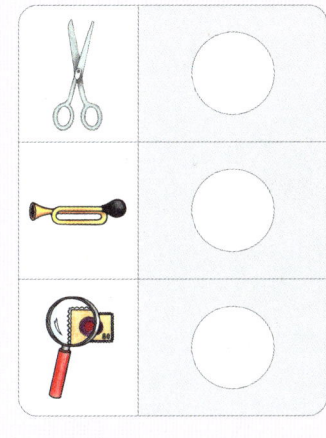

   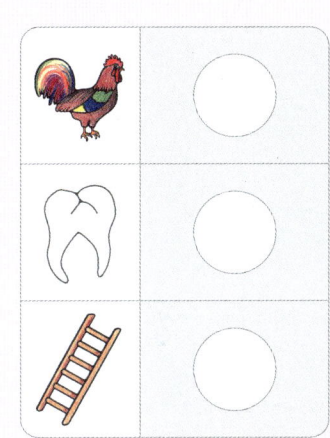

Anlaute

 B         

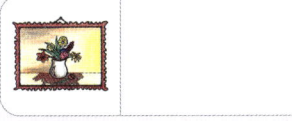   

 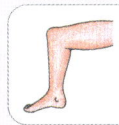 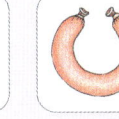 

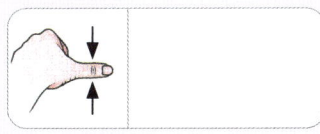   

Reimwörter ankreuzen.
Anlaute neben die Bilder schreiben.

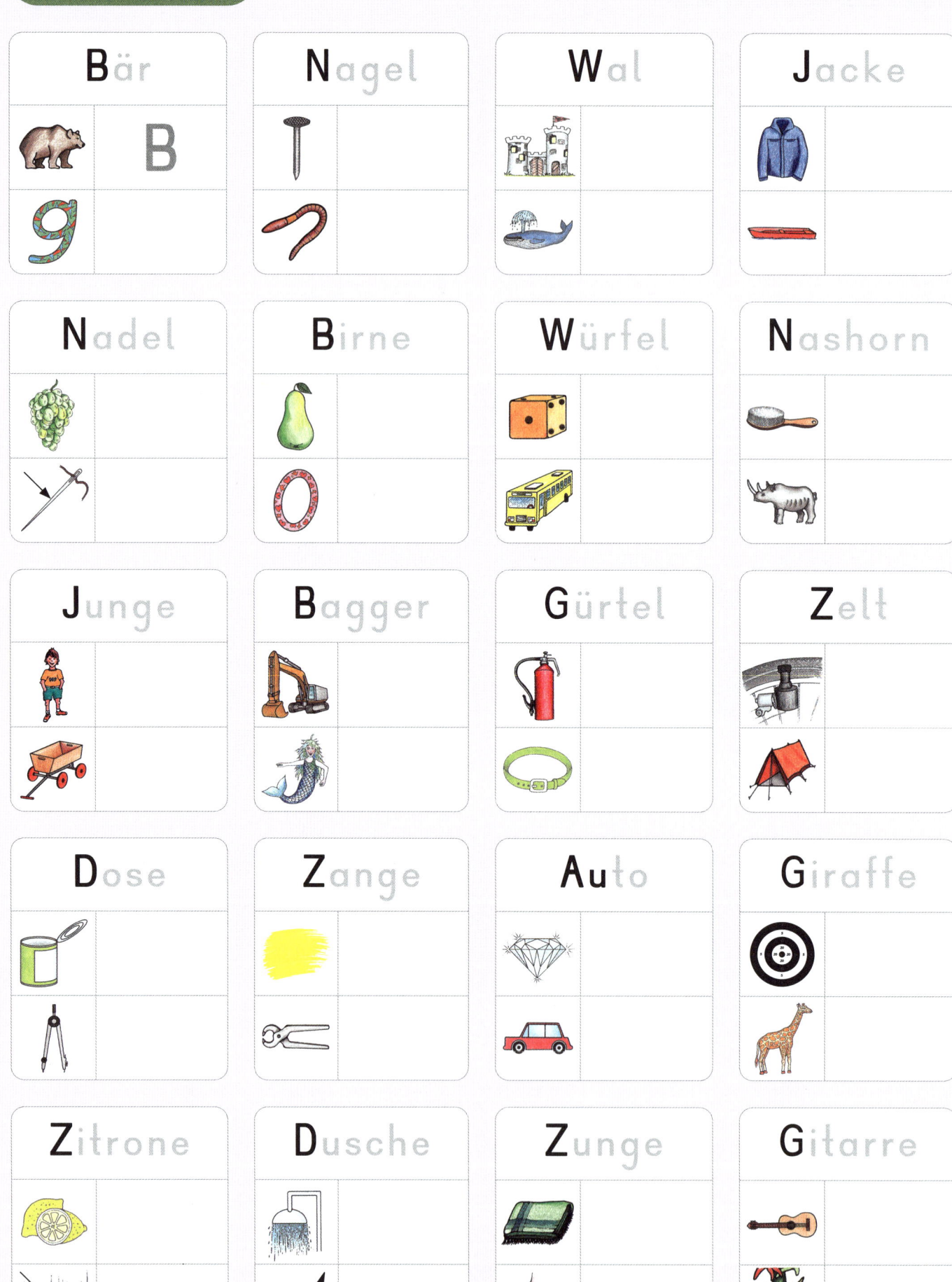

Bär	B	**N**agel		**W**al		**J**acke	
	g						

Nadel		**B**irne		**W**ürfel		**N**ashorn	

Junge		**B**agger		**G**ürtel		**Z**elt	

Dose		**Z**ange		A**u**to		**G**iraffe	

Zitrone		**D**usche		**Z**unge		**G**itarre	

Anlaute der vorgegebenen Wörter neben die passenden Bilder schreiben.

Buchstaben

I i	B	S	A	P
D	U	J	R	E
Z	K	L	F	O
T	N	H	I	U
A	G	E	Au	
O	W	M	Sch	

Anlaute

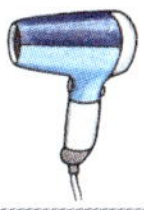

 F         

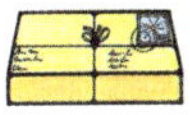

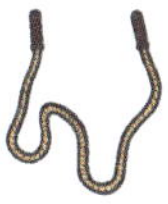

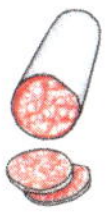

         >

Kleinbuchstaben neben die Großbuchstaben schreiben.
Anlaute neben die Bilder schreiben.

Silben

 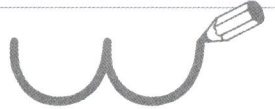   

Anlaute

Finger	**T**aucher	**K**irschen	**P**insel
 **F**	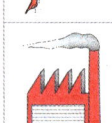		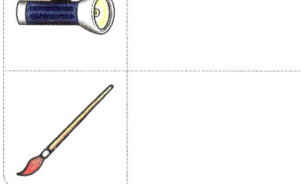

Ohrring	**M**ais	**S**essel	**F**arbe

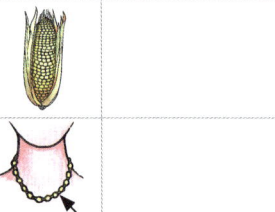 

Silben klatschen und Silbenbögen zeichnen.
Anlaute der vorgegebenen Wörter neben die passenden Bilder schreiben.

Buchstaben

O	o	B		A		I		L	
N		P		E		H		K	
T		F		D		O		U	
M		R		W		S		J	
G		I		A		Sch			
E		Z		U		Au			

Anlaute

	H						

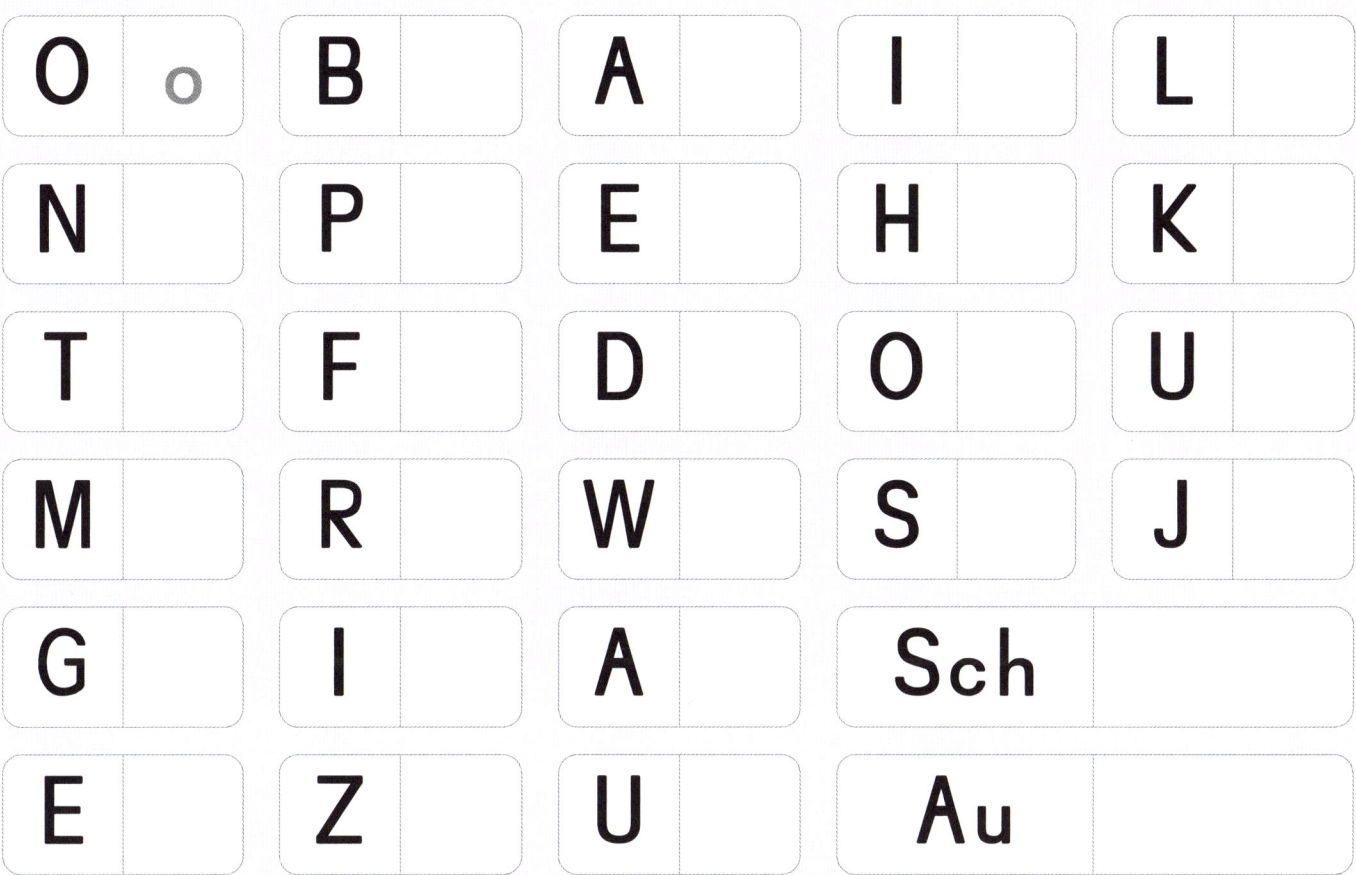

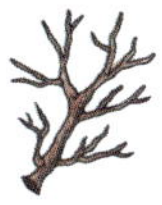

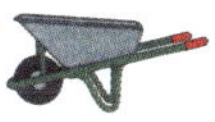

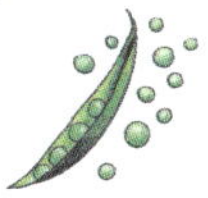

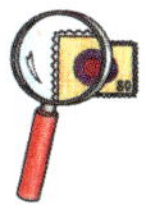

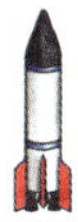

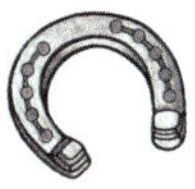

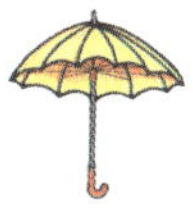

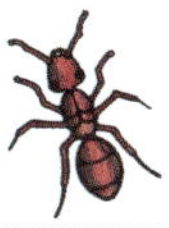

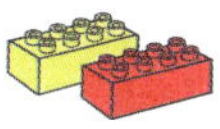

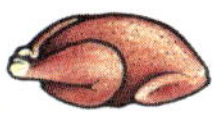

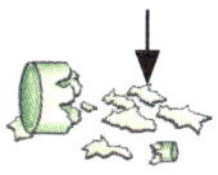

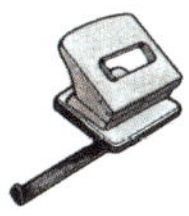

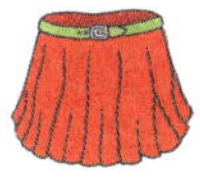

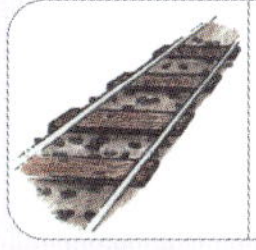

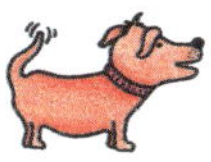

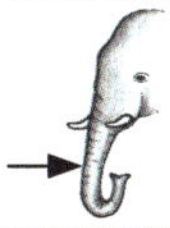

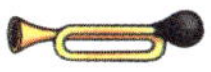

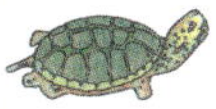

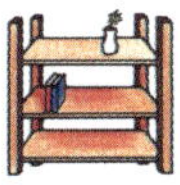

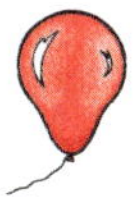

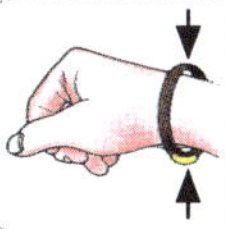

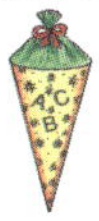

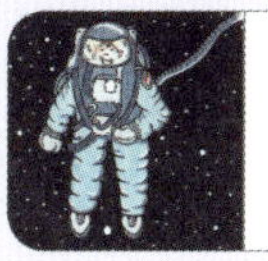

Kleinbuchstaben neben die Großbuchstaben schreiben.
Anlaute neben die Bilder schreiben.

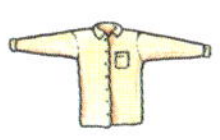

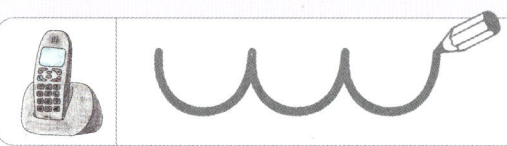

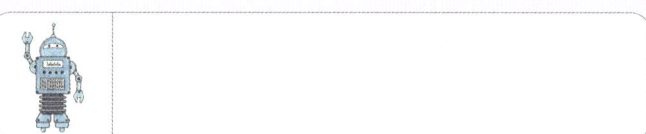

Anlaute

Unfall	**L**ineal	**A**mpel	**R**itter
 U			
	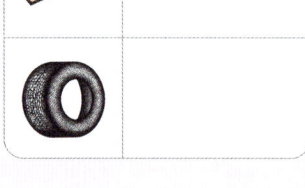		

Schal	**E**rde	**H**erz	**Sch**atz
11			
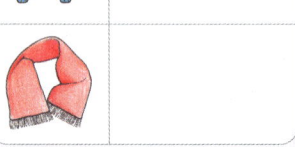			

Silben klatschen und Silbenbögen zeichnen.
Anlaute der vorgegebenen Wörter neben die passenden Bilder schreiben.

Buchstaben

U u	W	S	A	I
G	K	E	O	R
Z	N	H	U	D
O	L	A	P	I
B	T	J	Au	
E	M	F	Sch	

Anlaute

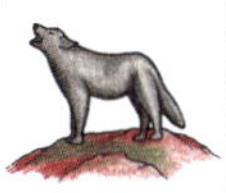 W	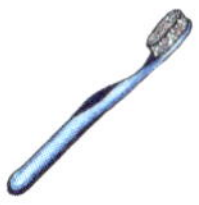	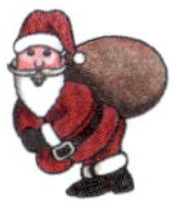	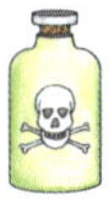
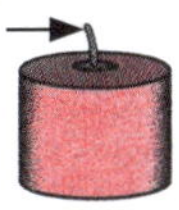	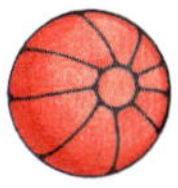	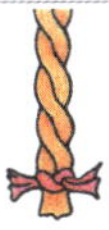	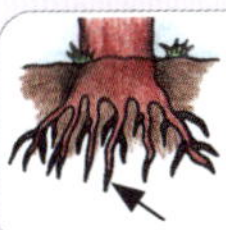
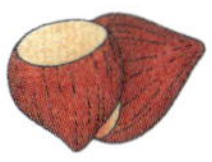	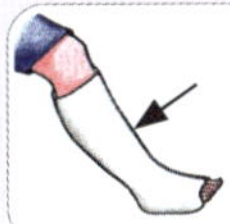	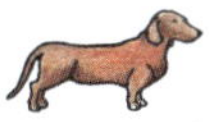	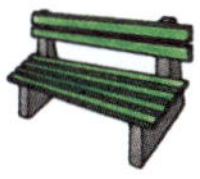
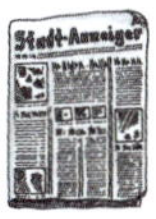	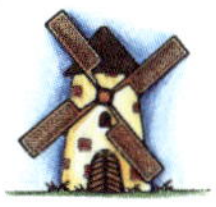	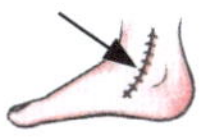	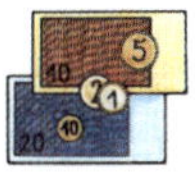
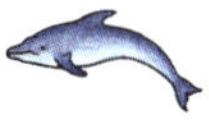	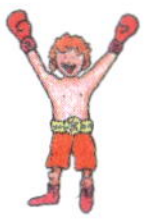	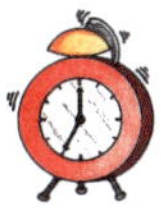	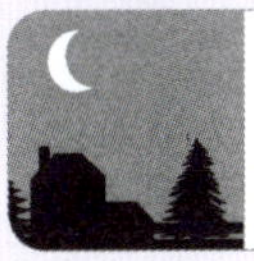
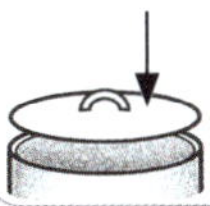	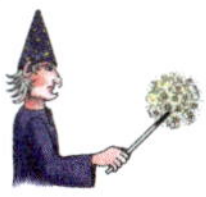	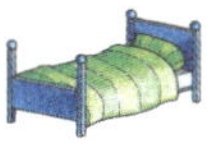	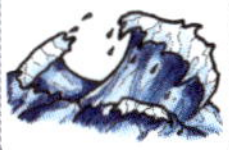

Kleinbuchstaben neben die Großbuchstaben schreiben.
Anlaute neben die Bilder schreiben.

Silben

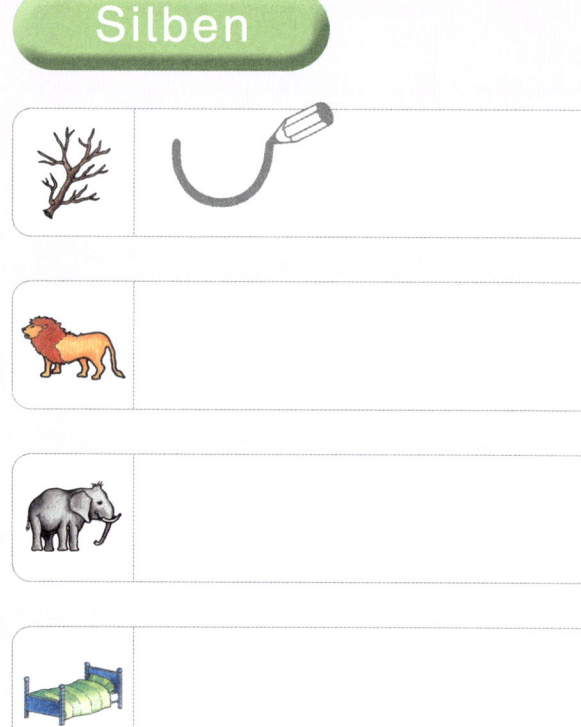

Anlaute

B	aum	N	udel	W	ippe	D	ach

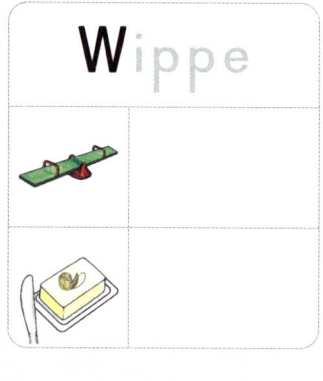

B

Z	iege	G	urke	B	ogen	W	asser

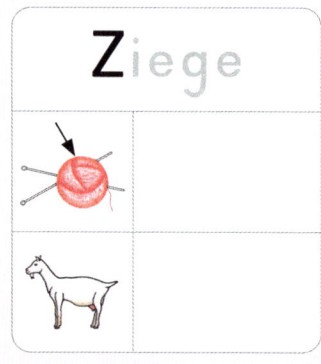

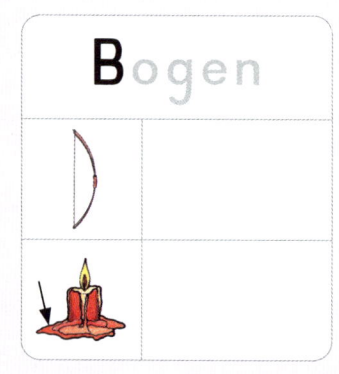
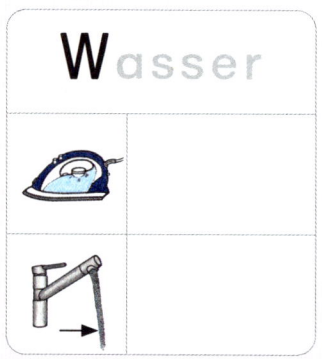

Silben klatschen und Silbenbögen zeichnen.
Anlaute der vorgegebenen Wörter neben die passenden Bilder schreiben.

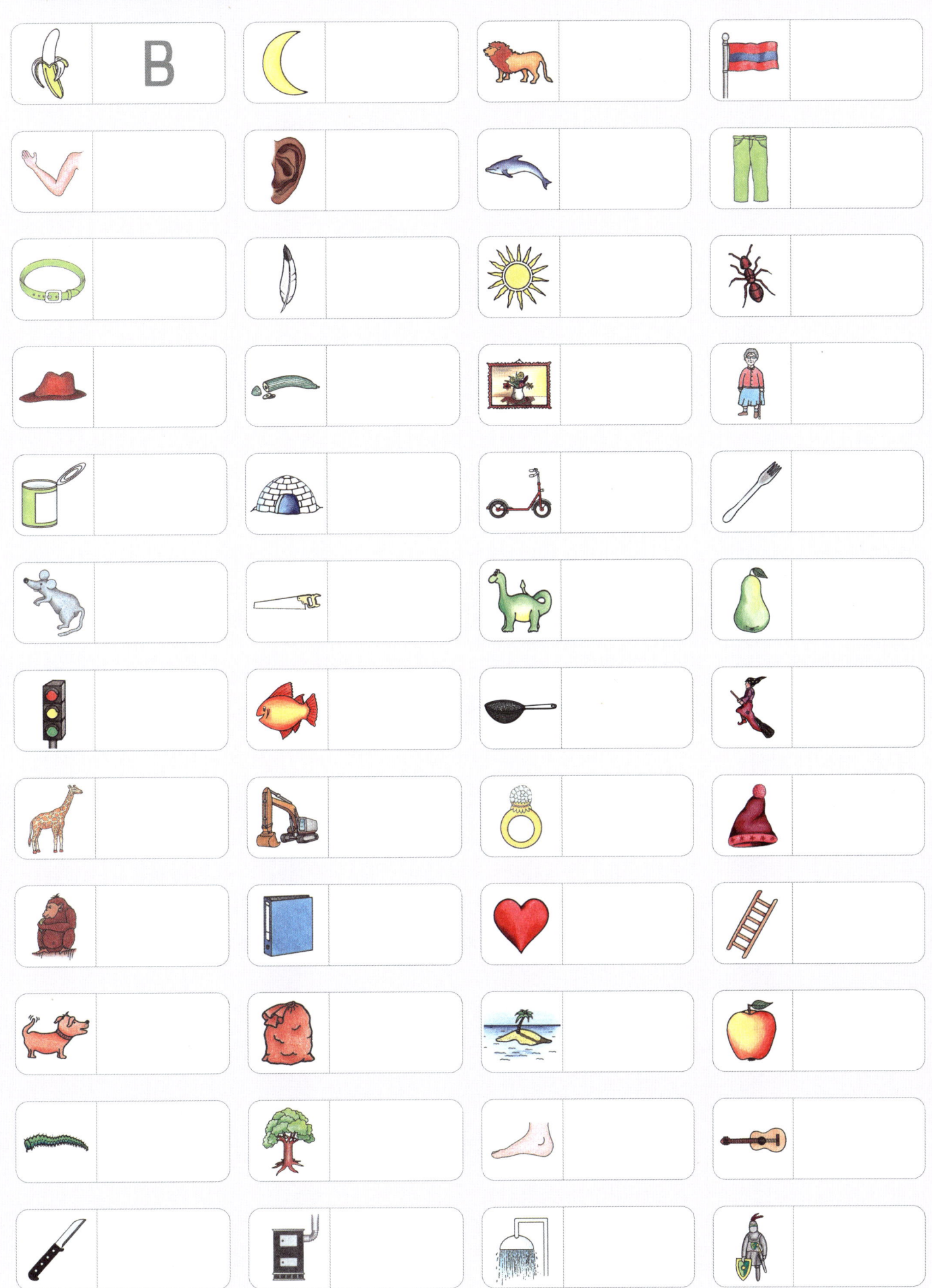

| | B | | | | | | |

Anlaute neben die Bilder schreiben.

Anlaute

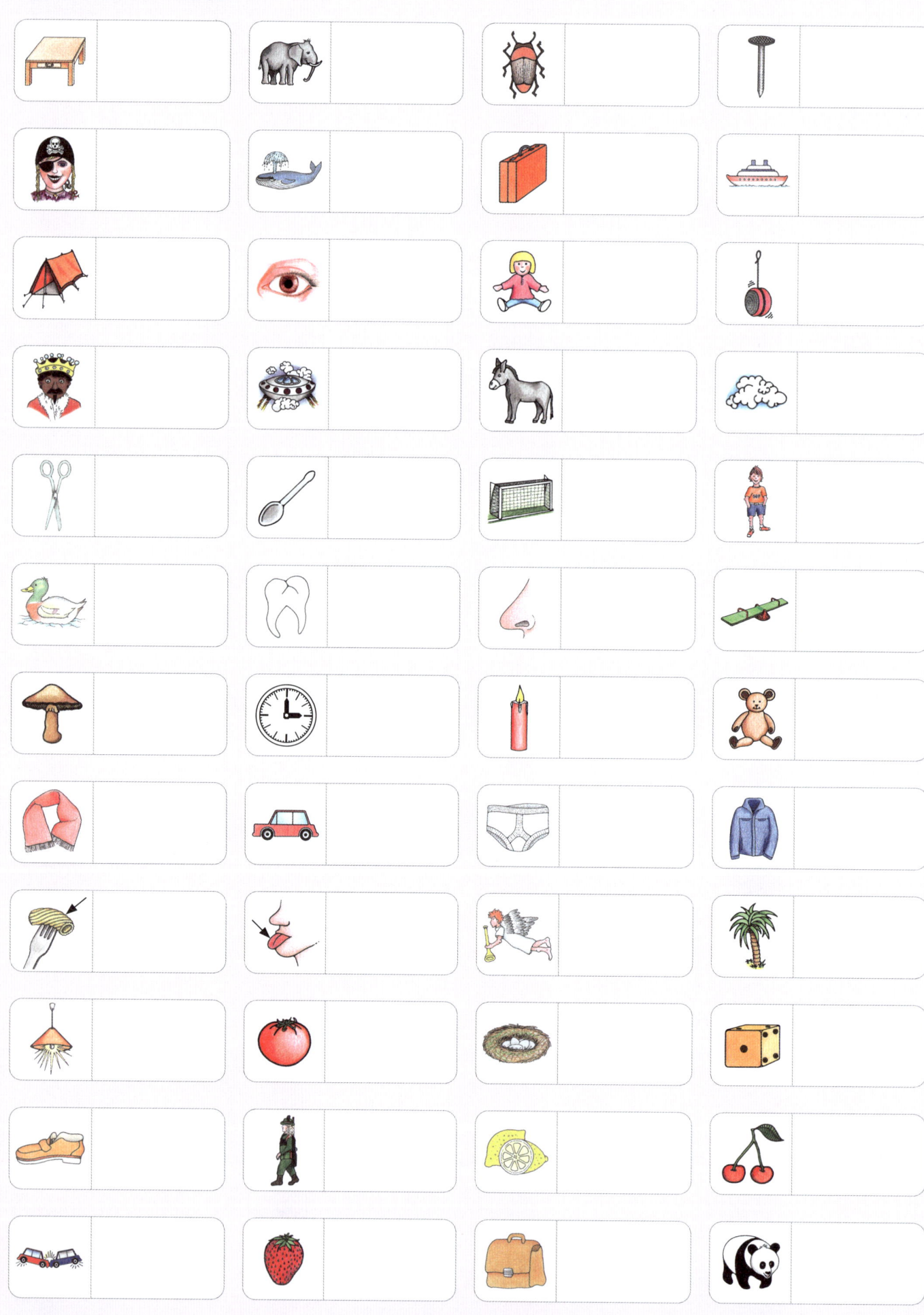

Anlaute neben die Bilder schreiben.

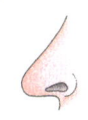 **Na** **se** |  Ne / (Na)

 **se** | Ro / Ra

 **der** | Fe / Fu

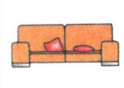 **fa** | Se / So

 **del** | Nu / Na

 **lat** | Su / Sa

 **gel** | Nu / Na

 **gal** | Rau / Re

 **pe** | Le / Lu

 **gen** | Ro / Re

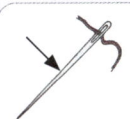 **del** | Na / Nu

Richtige Silben einkreisen und schreiben.

	___ ___ brik	Fa / Fu
___ ___ le	Scha / Schu
___ ___ re	Scho / Sche
___ pe	Rau / Re
___ lo ne	Mu / Me
___ ___ kel	Scho / Schau
___ ___ he	Schu / Scha
___ ke te	Ra / Ru
___ ter ne	Lu / La
___ tor rad	Me / Mo
___ ko la de	Scho / Sche

Richtige Silben einkreisen und schreiben.

🦁	we	Lö / La
👑	nig	Ku / Kö
🍅	ma te	Te / To
🏆	kal	Po / Pe
🏝	sel	In / If
👸	ni gin	Ku / Kö
📞	le fon	Te / To
🟨	ket	Pu / Pa
🪑	fel	Tö / Ta
🐫	mel	Ka / Ku
🚆	ge	Zo / Zü

Richtige Silben einkreisen und schreiben.

17

	⌣⌣se	Ho Ha
	⌣⌣ken	Kü Ke
	⌣⌣te	Ta Tü
	⌣⌣fall	Un An
	⌣⌣no ne	Ke Ka
	⌣⌣te	Ho Hü
	⌣⌣he	Kü Ko
	⌣⌣cher	Tu Tau
	⌣⌣se	Ho Ha
	⌣⌣ter ho se	Ul Un
	⌣⌣sche	Tu Ta

Richtige Silben einkreisen und schreiben.

	⌒ ⌒ sen		Be / Ba
	⌒ se		Do / De
	⌒ bel		Gü / Ga
	⌒ pel		Am / Al
	⌒ na ne		Ba / Bu
	⌒ sche		Da / Du
	⌒ te		En / El
	⌒ cher		Be / Bü
	⌒ mi no		Do / Dü
	⌒ spenst		Ge / Go
	⌒ gel ei sen		Ba / Bü

Richtige Silben einkreisen und schreiben.

	____ pe	Lam / Lim
	____ da	Pun / Pan
	____ sel	Pan / Pin
	____ de	Hun / Han
	____ ke	Wol / Wel
	____ der	Kau / Kin
	____ me	Pul / Pal
	____ fin	Dul / Del
	____ tel	Min / Man
	____ pel mann	Ham / Hüm
	____ tü te	Schul / Schal

Richtige Silben einkreisen und schreiben.

Oma	u / (a)	
Wal	l / f	
Kra	sch / n	
Fi	sch / n	
Din	a / o	
Scha	l / f	
Scha	l / f	
Sof	a / i	
Delfi	n / l	
Aut	o / i	
Ti	sch / m	
Zau	f / n	

Nas	e / o	
Palm	e / a	
Dusch	e / o	
Op	a / u	
Scher	o / e	
Fro	sch / l	
Rega	f / l	
Brill	o / e	
Käs	e / u	
Jo-J	o / i	
Ameis	e / au	
Schwa	n / l	

Richtige Endlaute einkreisen und schreiben.

	Wort	Laute
	Pand	u / a
	Aff	e / o
	Has	ü / e
	Blum	o / e
	Zebr	a / i
	Hos	a / e
	Poka	l / n
	Bei	l / n
	Königi	n / l
	Tass	e / ü
	Zah	l / n
	Ros	e / u
	Domin	ü / o
	Paprik	u / a
	Dos	e / o
	Kame	l / t
	Well	e / o
	Pfei	l / t
	Schwei	f / n
	Flasch	e / o
	Nashor	n / t
	Pingui	l / n
	Tasch	e / u
	Pizz	a / i

22

Richtige Endlaute einkreisen und schreiben.

Hah	l	n
Huh	f	n
Giraff	e	u
Hu	t	f
Schleif	o	e
Zel	t	n
Telefo	n	f
Pira	l	t
Stuh	l	f
Elefan	t	sch
Hex	ü	e
Birn	e	o

Sei	f	l
Löw	u	e
Vulka	n	l
Kerz	e	u
Sonn	o	e
Krokodi	l	n
Schwer	t	f
Kirsch	o	e
Pop	o	i
Kron	e	o
Sala	n	t
Banan	u	e

Richtige Endlaute einkreisen und schreiben.

23

Endlaute

Kanon	o / e	
Ar	m / t	
Gif	t / l	
Fahn	e / o	
Spinn	au / e	
Astronau	t / f	
Latern	e / o	
Melon	u / e	
Bau	f / m	
Linea	l / m	
Pfeif	e / i	
Gitarr	e / o	

Stern	u / e	
Wur	f / m	
Zitron	u / e	
Bro	l / t	
Pfann	e / o	
Uf	o / a	
Rollstuh	f / l	
Schul	u / e	
Schir	f / m	
Drach	e / o	
Mütz	e / u	
Hel	f / m	

24

Richtige Endlaute einkreisen und schreiben.

	Opa	p̷ ͣa Ø
		a O m
		W ˡl a
		Sch ᶠf a
		a ˡl Sch
		ŧ H u
		sch ⁱi F
		T ˢᶜʰsch i
		U ᵒo f
		au H s
		s ᵃᵘau M
		ŧ ˢs A

Wörter schreiben.

		t ᵒ Au
		e ᵍ Au
		l ᵃᵘ M
		ᴮ m au
		au ᵐ Sch
		Z ⁿ au
		L ᵒ g ᵉ
		ö ʷ e L
		ˢᶜʰ e D ᵘ
		ˢ e D ᵒ
		R ˢ e ᵒ
		H ˢ o ᵉ

Wörter schreiben.

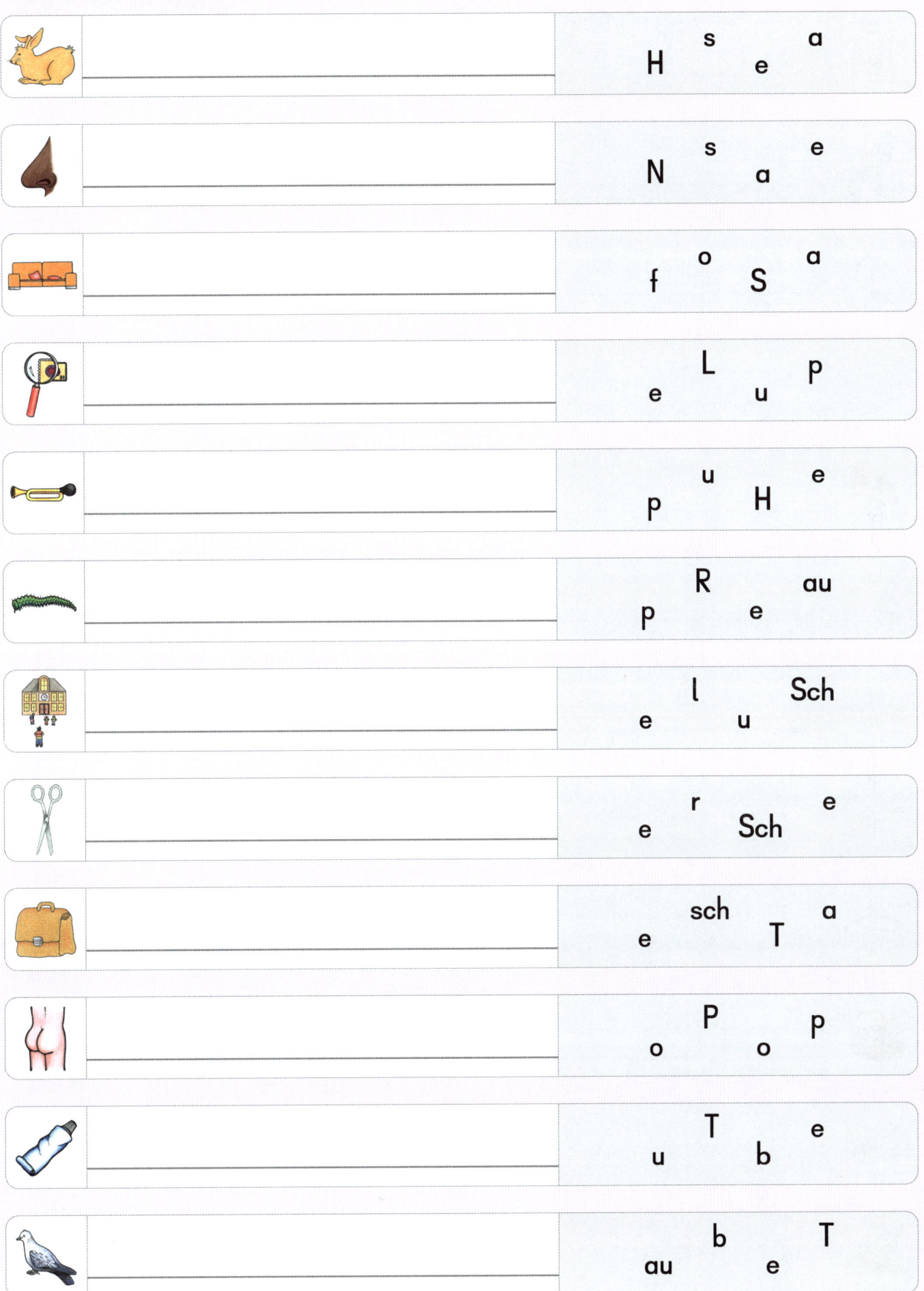

		H s e a
		N s e a
		f o S a
		e L u p
		p u H e
		p R e au
		e l u Sch
		e r Sch e
		e sch T a
		o P o p
		u T b e
		au b e T

Wörter schreiben.

Wörter

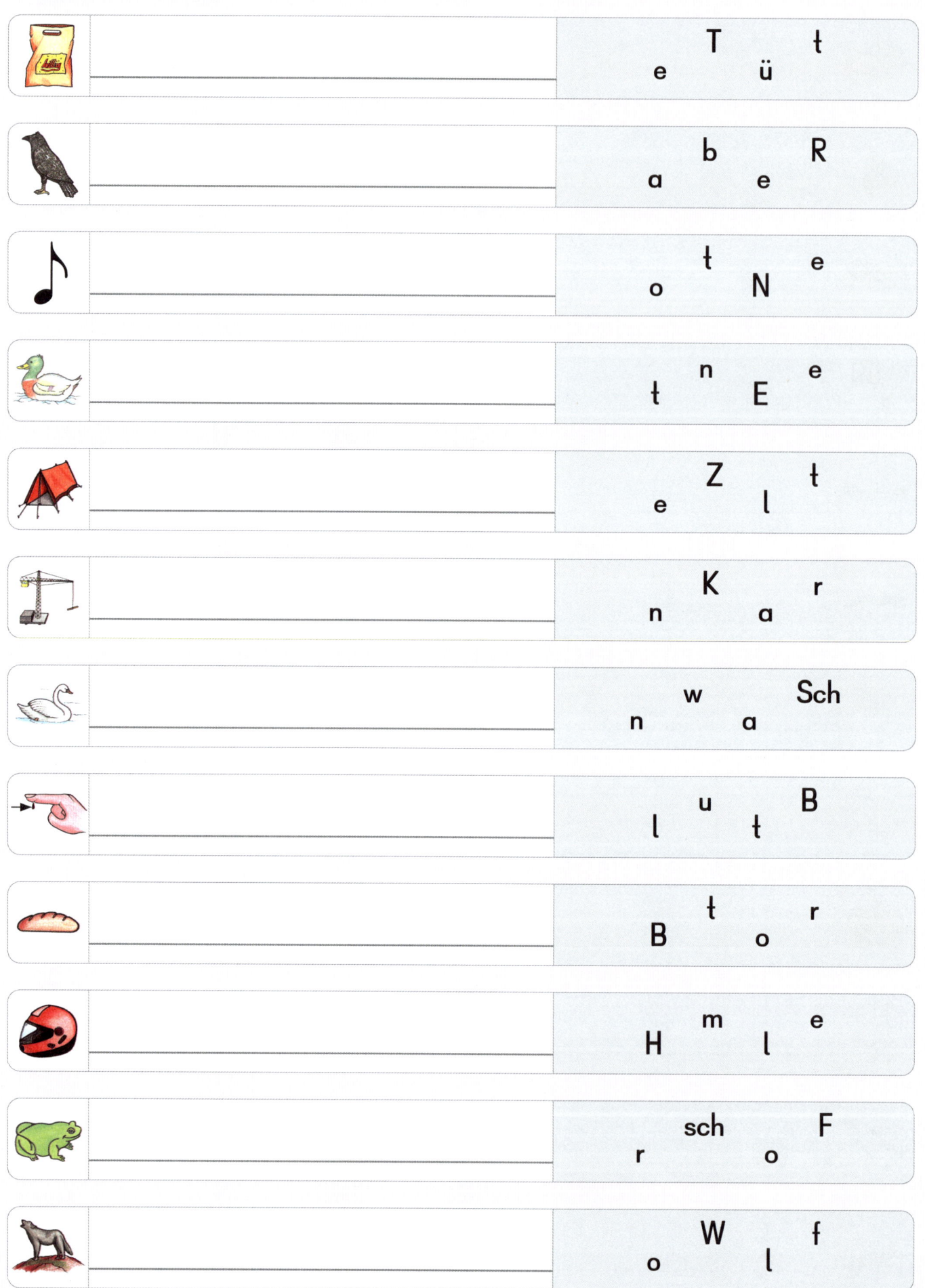

🛍️	e T t ü
🐦	b R a e
🎵	t N o e
🦆	n e t E
⛺	Z t e l
🏗️	K r n a
🦢	w Sch n a
👆	u B l t
🥖	t r B o
🪖	m e H l
🐸	sch F r o
🐺	W f o l

Wörter schreiben.

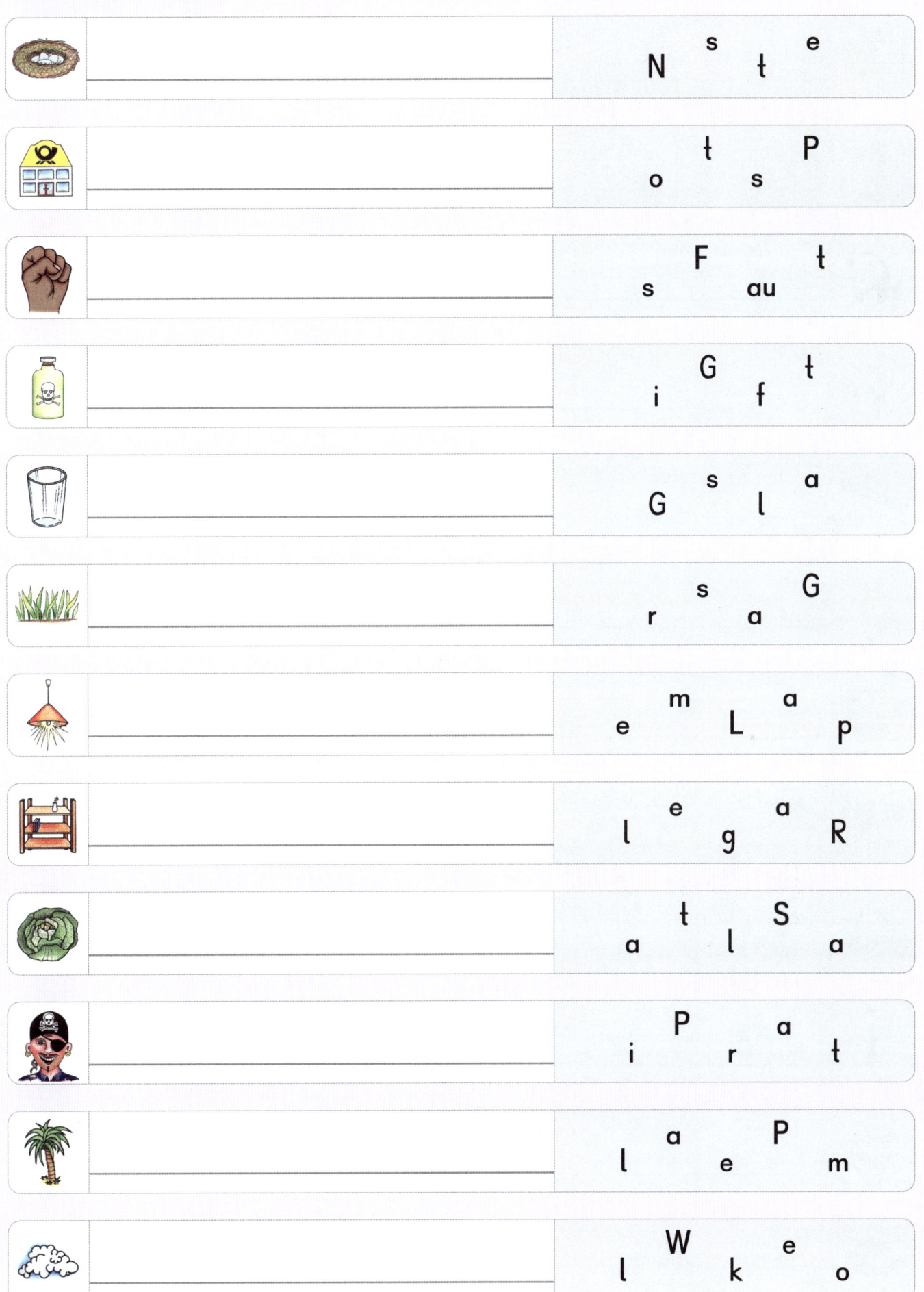

Bild	Buchstaben
Nest	N s t e
Post	t P o s
Faust	F t s au
Gift	G t i f
Glas	G s a l
Gras	s G r a
Lampe	m a e L p
Regal	e a l g R
Salat	t S a l a
Pirat	P a i r t
Palme	a P l e m
Wolke	W e l k o

Wörter schreiben.

Wörter

Bild		Buchstaben
		e P **t** k a
		l P **o** a k
		P **a** n a d
		a **e** l m K
		l **t** ö F e
		l **F** e sch a
		e **i** t s K
		o **r** e K n
		k **K** e a r
		Sch **b** au r e
		k **e** a M s
		m **e** l u B

30

Wörter schreiben.

Endung -el

✗ Esel	Nadel
Nagel	Kegel
Tafel	Hebel
Gabel	Segel
Kugel	Kabel
Nudel	Pudel

Endung -en

✗ Ofen	Daumen
Besen	Küken
Bogen	Faden
Haken	Hasen
Regen	Hosen
Wagen	Dosen

Abschreiben: Wörter auf der folgenden Seite neben die passenden Bilder schreiben.

Endung -el

Esel

Endung -en

Ofen

Abschreiben: Wörter von der vorhergehenden Seite neben die passenden Bilder schreiben.

Endung -er

Maler	Kleber
Feder	Wimper
Mauer	Fenster
Ruder	Hamster
Kinder	Nester
Laster	Bilder

Endungen -el, -en und -er

Ritt**er**	el / **er**	Reif	el / en
Ig**el**	er / **el**	Amp	el / er
Knot**en**	**en** / el	Ins	el / er
Ranz	er / en	Löff	er / el
Ank	er / el	Box	er / el
Feu	el / er	Raup	el / en

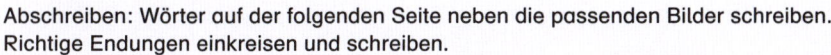
Abschreiben: Wörter auf der folgenden Seite neben die passenden Bilder schreiben.
Richtige Endungen einkreisen und schreiben.

 Maler

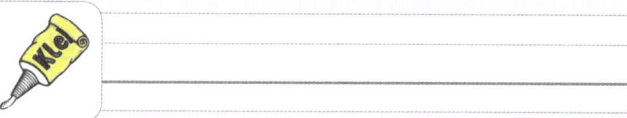

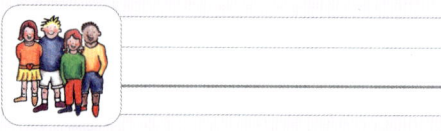

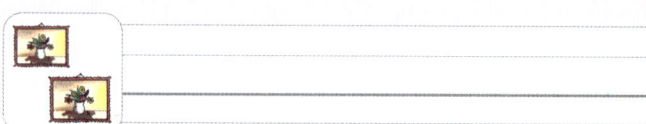

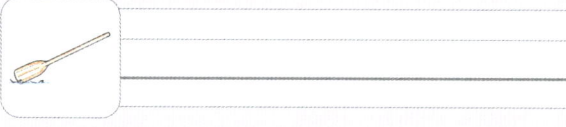

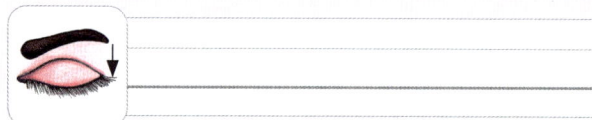

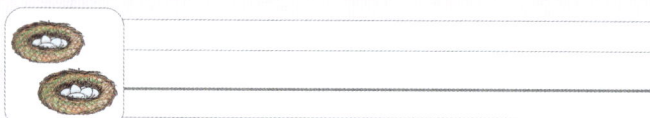

Endungen -el, -en und -er

 **Eimer** | el / er |

 **Apf** | el / er |

 **Leit** | er / el |

 **Jäg** | er / el |

 Vog | el / er |

 **Brunn** | er / en |

 **Eng** | er / el |

 **Käf** | er / el |

 **Has** | en / el |

 **Bagg** | er / el |

 **Löw** | er / en |

 **Mant** | el / er |

Wörter von der vorhergehenden Seite neben die passenden Bilder schreiben.
Richtige Endungen einkreisen und schreiben.

Pins	el	er
Schien	el	en
Adl	el	er
Hamm	el	er
Herz	en	er
Bett	er	en
Nest	er	el
Würf	el	er
Aff	er	en
Mess	er	el
Mütz	er	en
Tromm	el	er

Hex	el	en
Kerz	er	en
Roll	el	er
Koff	er	el
Zwieb	er	el
Gläs	er	el
Knoch	el	en
Drach	el	en
Schlüss	el	er
Schnab	er	el
Flasch	er	en
Schnull	el	er

Richtige Endungen einkreisen und schreiben.

35

Endungen -el, -en und -er

	Wort	Endung		Wort	Endung
	Schauk_____	el / er		Rüss_____	el / er
	Scher_____	el / en		Tunn_____	er / el
	Musch_____	el / er		Kirsch_____	el / en
	Tass_____	er / en		Tricht_____	el / er
	Tig_____	er / el		Humm_____	er / en
	Näg_____	el / en		Stemp_____	er / el
	Gürt_____	er / el		Tropf_____	er / en
	Palm_____	el / en		Hähnch_____	en / el
	Birn_____	en / el		Rück_____	el / en
	Flüg_____	el / er		Tell_____	er / el
	Brill_____	el / en		Sess_____	el / er
	Fing_____	er / el		Schlitt_____	el / en

Richtige Endungen einkreisen und schreiben.

Endungen -el, -en und -er

Hufeis _____	er / en		Satt _____	el / er
Äpf _____	el / er		Uhr _____	el / en
Ei _____	el / er		Loch _____	el / er
Krag _____	er / en		Ordn _____	er / el
Kartoff _____	el / er		Kiss _____	er / en
Kuch _____	el / en		Deck _____	el / er
Mädch _____	el / en		Steck _____	el / er
Vög _____	el / er		Pflast _____	el / er
Stelz _____	er / en		Scherb _____	en / er
Lenk _____	er / el		Musk _____	el / er
Robot _____	el / er		Butt _____	el / er
Stief _____	el / er		Wass _____	er / el

Richtige Endungen einkreisen und schreiben.

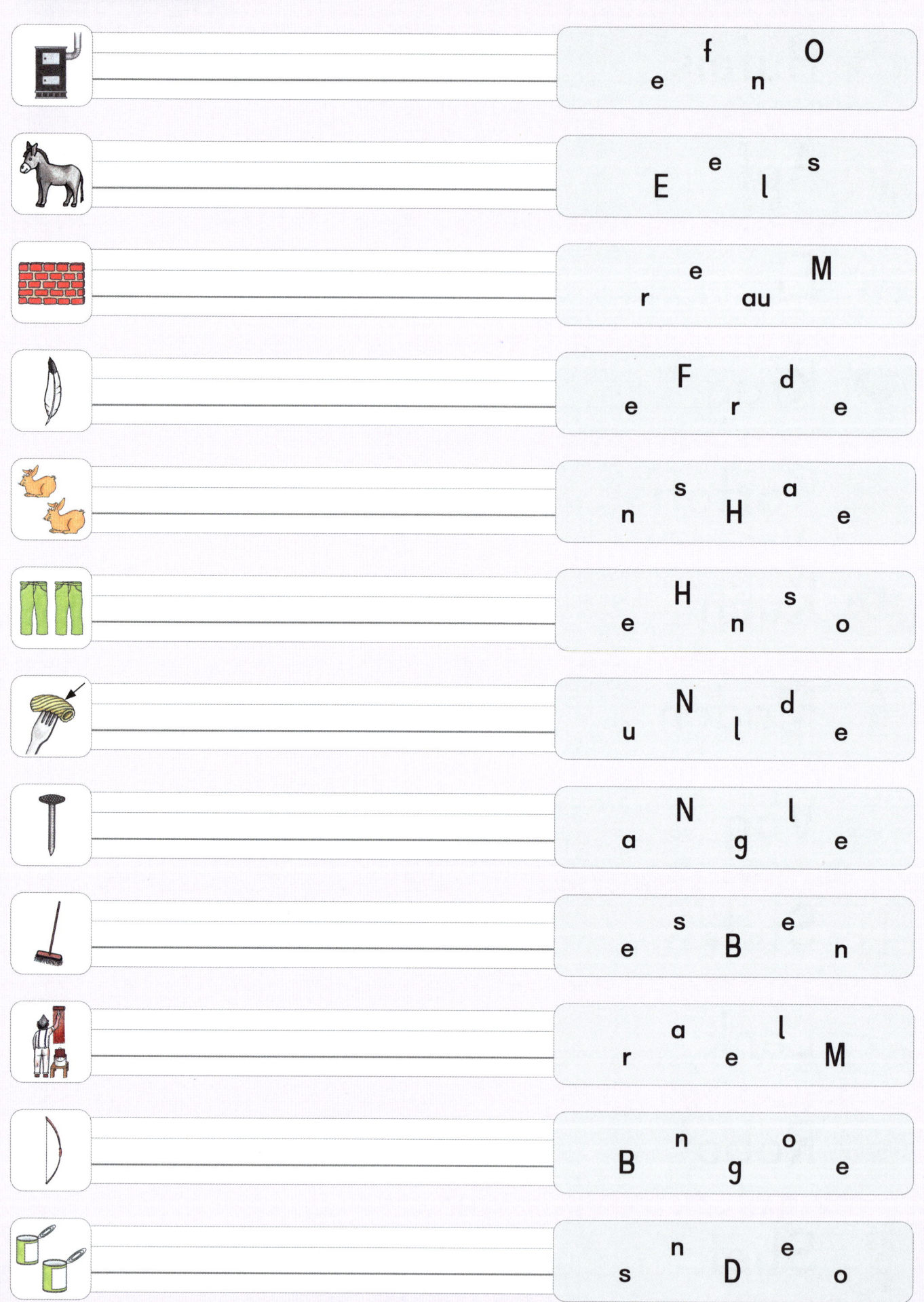

e   f   n   O

E   e   l   s

r   e   M   au

F   d   e   r   e

n   s   H   a   e

H   s   e   n   o

N   d   u   l   e

N   l   a   g   e

s   e   e   B   n

a   l   r   e   M

B   n   o   g   e

n   e   s   D   o

Wörter schreiben.

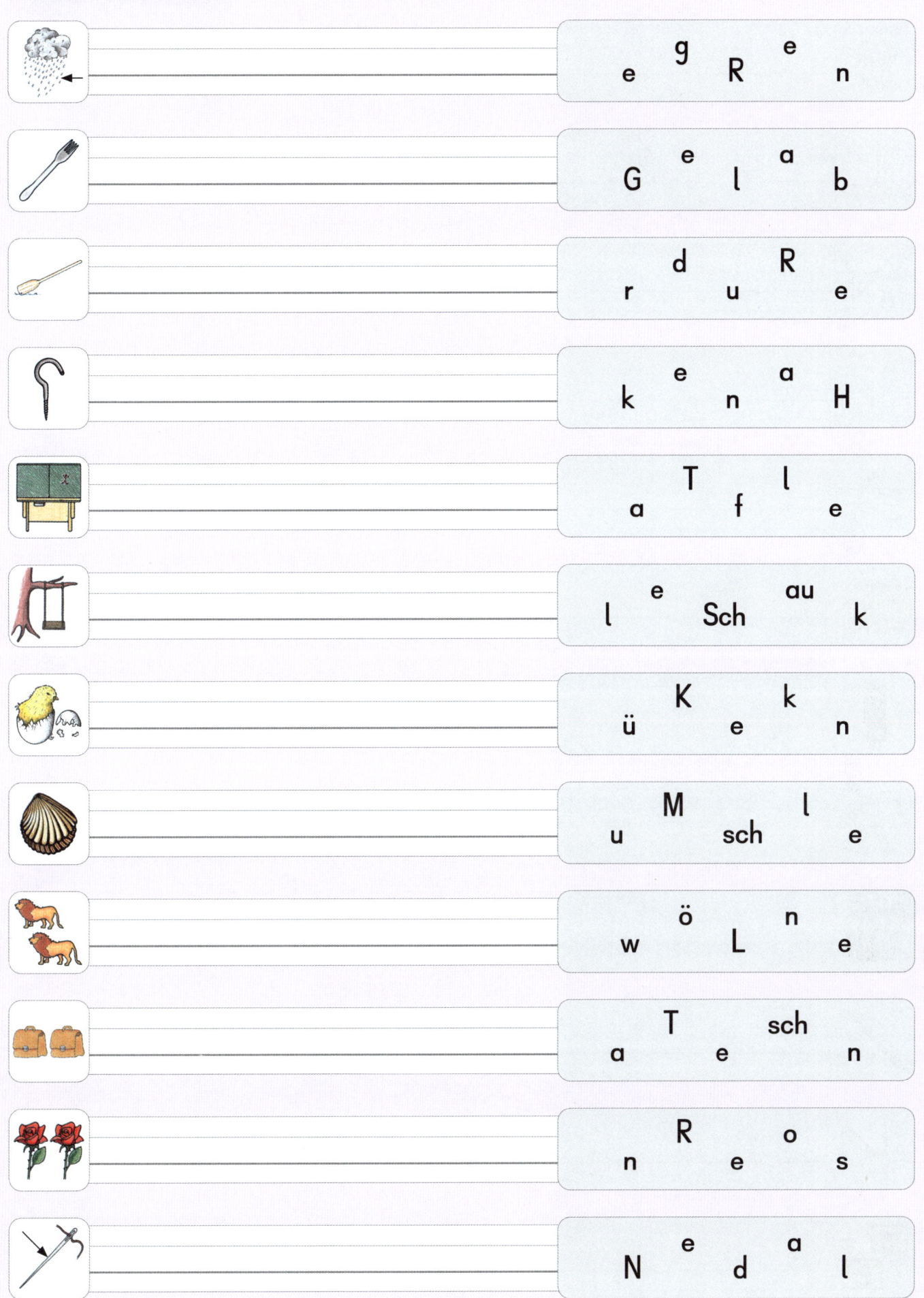

Wörter schreiben.

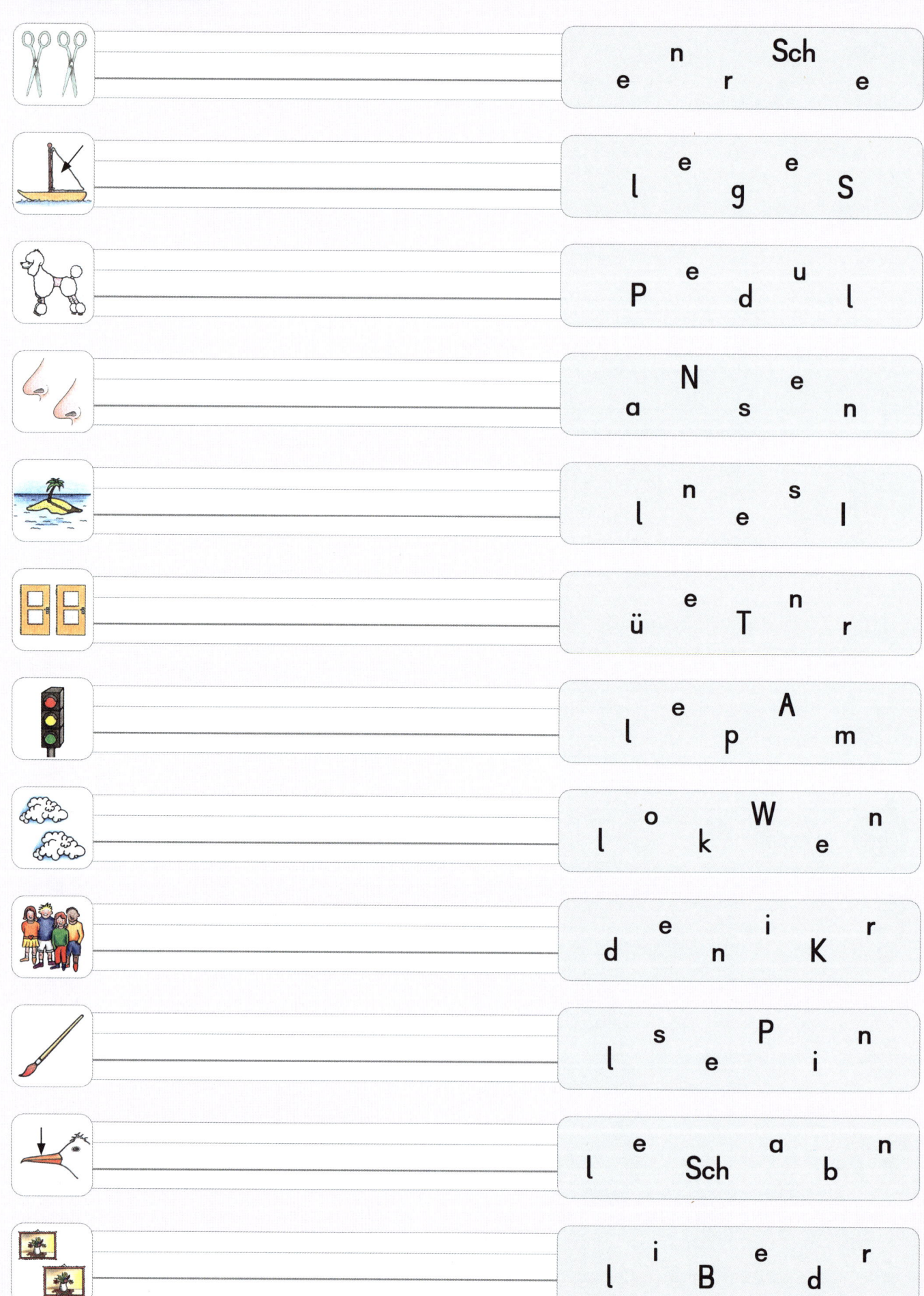

Bild	Buchstaben
✂️	e n Sch e r e
⛵	e e l g S
🐩	u P e d l
👃	N e a s n
🏝️	n s l e I
🚪	e n ü T r
🚦	e A l p m
☁️☁️	o W n l k e
👨‍👩‍👧‍👦	e i r d n K
🖌️	s P n l e i
🐦	e a n l Sch b
🖼️	i e r l B d

Wörter schreiben.

☐ Püfit ☒ Hügel

☒ Süden ☐ Brükof

☐ Mükidu ☐ Blüte

☐ Flügel ☐ Nüfapü

☐ Gemüse ☐ Knüdolo

☐ über ☐ lalüli

☐ fünf ☐ knük

☐ grün ☐ prütil

☐ nütol ☐ müde

☐ üben ☐ hükeln

☐ glüzen ☐ lügen

☐ brüten ☐ zümsen

Sch sch

☒ Schale ☐ Schrufu

☐ Busch ☐ Plonsch

☐ Knaschel ☐ Schüler

☐ Lolosch ☐ Mensch

☐ frisch ☐ plischi

☐ schnüp ☐ falsch

☐ waschen ☐ schmufen

☐ naschen ☐ schüken

☐ wischen ☐ schrüpen

☐ knoschen ☐ schlagen

☐ schrogen ☐ schlafen

☐ wünschen ☐ schnülen

Abschreiben: Wörter mit Bedeutung ankreuzen und auf der folgenden Seite in die zugehörigen Schreibfelder übertragen.

Hügel

Süden

Schale

Abschreiben: Wörter mit Bedeutung von der vorhergehenden Seite in die zugehörigen Schreibfelder übertragen.

Au au

- ☒ Pause
- ☐ Blobau
- ☐ blau
- ☐ schrauk
- ☐ Haut
- ☐ Schmaup
- ☐ braun
- ☐ knautal
- ☐ Kraut
- ☐ Flaufi
- ☐ laufen
- ☐ naupeln
- ☐ Zaulubu
- ☐ Frau
- ☐ pupauen
- ☐ kaufen
- ☐ Paufope
- ☐ Aufgabe
- ☐ schlauken
- ☐ bauen
- ☐ knauli
- ☐ laut
- ☐ schauen
- ☐ zauteln

Ö ö

- ☐ Möbel
- ☐ Plökel
- ☐ knöpau
- ☐ zwölf
- ☐ Töne
- ☐ Trösili
- ☐ mögen
- ☐ knöfeln
- ☐ Frötufe
- ☐ Königin
- ☐ trölzen
- ☐ lösen
- ☐ palnöp
- ☐ schön
- ☐ dölken
- ☐ löschen
- ☐ fupöf
- ☐ böse
- ☐ wöseln
- ☐ trödeln
- ☐ hören
- ☐ pölfen
- ☐ schwören
- ☐ schnögen

Abschreiben: Wörter mit Bedeutung ankreuzen und auf der folgenden Seite in die zugehörigen Schreibfelder übertragen.

Au au

Pause

Ö ö

Abschreiben: Wörter mit Bedeutung von der vorhergehenden Seite in die zugehörigen Schreibfelder übertragen.

- ☐ Buch ☐ Zowoch
- ☐ Ulimuch ☐ Bauch
- ☐ Plochte ☐ Woche
- ☐ Nacht ☐ Knuch
- ☐ Frucht ☐ Knaduch
- ☐ Flochidu ☐ Tochter

- ☐ Paföcht ☐ Licht
- ☐ Tröchel ☐ Gesicht
- ☐ fochöp ☐ acht
- ☐ praucheln ☐ machen
- ☐ suchen ☐ hocheln
- ☐ rechnen ☐ nöcheln

Ei ei

- ☐ Jeipök ☐ Bein
- ☐ Seife ☐ Kluteip
- ☐ Eier ☐ Geiful
- ☐ nololei ☐ eins
- ☐ zwei ☐ peilök
- ☐ drei ☐ reidulu

- ☐ fein ☐ scheifu
- ☐ knufei ☐ leise
- ☐ reich ☐ ödidei
- ☐ zeigen ☐ seitöken
- ☐ schreien ☐ heitupen
- ☐ schneiden ☐ preizeln

Abschreiben: Wörter mit Bedeutung ankreuzen und auf der folgenden Seite in die zugehörigen Schreibfelder übertragen.

Ch ch

Ei ei

Abschreiben: Wörter mit Bedeutung von der vorhergehenden Seite in die zugehörigen Schreibfelder übertragen.

ng

- ☐ Ring ☐ Leiloling
- ☐ Zaponge ☐ Junge
- ☐ Zunge ☐ Plöming
- ☐ Zange ☐ Pulupung
- ☐ Hunger ☐ Tongfutu
- ☐ Schwonge ☐ Finger

- ☐ eng ☐ plaböng
- ☐ föngfö ☐ lang
- ☐ jung ☐ blingöl
- ☐ knöngen ☐ fangen
- ☐ blungeln ☐ singen
- ☐ bringen ☐ eilöngen

Eu eu

- ☐ Eubrong ☐ Eule
- ☐ Eufifu ☐ Euro
- ☐ Leute ☐ Fleukol
- ☐ Schneupu ☐ Freude
- ☐ Pilipeu ☐ Feuer
- ☐ Freundin ☐ Zeufrö

- ☐ neu ☐ weululu
- ☐ gleuput ☐ neun
- ☐ heute ☐ breupö
- ☐ zabeuen ☐ heulen
- ☐ freuen ☐ preupeln
- ☐ leuchten ☐ öseulen

Abschreiben: Wörter mit Bedeutung ankreuzen und auf der folgenden Seite in die zugehörigen Schreibfelder übertragen.

ng

Eu eu

Abschreiben: Wörter mit Bedeutung von der vorhergehenden Seite in die zugehörigen Schreibfelder übertragen.

| | D | |
| a | | ch |

| | u | |
| ch | | B |

| ch | |
| K | o |

| e | r |
| L | o | ch |

| e | r |
| ch | a | D |

| i | M |
| ch | l |

| B | |
| ei | n |

| r | e |
| m | Ei |

| n | w |
| Sch | ei |

| e | ei |
| t | r | L |

| ei | A |
| m | e | s |

| e | ei |
| l | Sch | f |

Wörter schreiben.

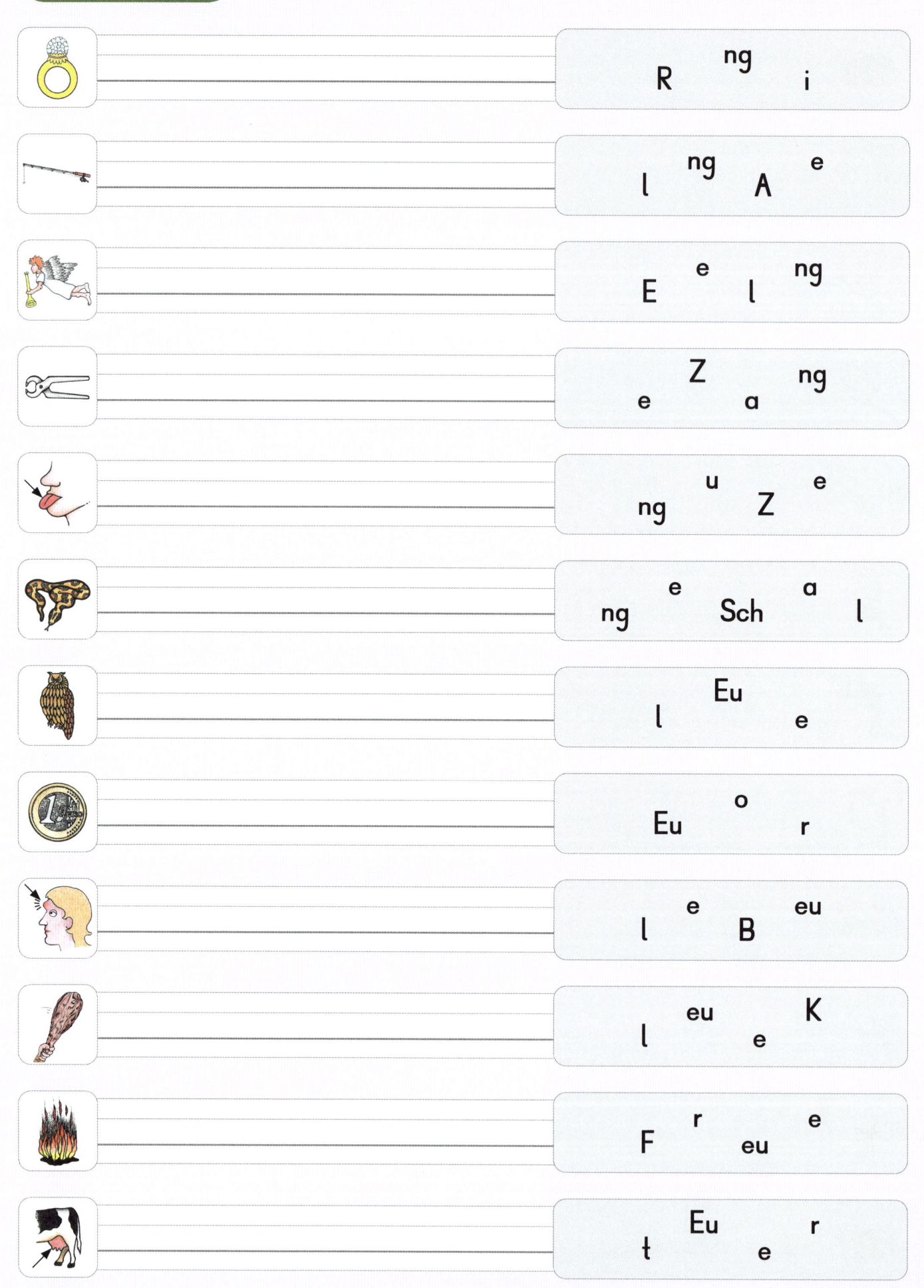

R ng i

l ng A e

E e l ng

Z a ng
e

ng u Z e

ng e Sch a l

Eu
l e

Eu o r

l e B eu

l eu K
e

F r e
eu

Eu r
ł e

Wörter schreiben.

□ Arm □ Schlürk □ hart □ zortrüp

□ Erde □ Klergup □ knarpili □ morgen

□ Borlipu □ Wort □ grergen □ lernen

□ Birne □ Grürke □ warten □ sürgeln

□ Würpli □ Garten □ jürpeln □ werden

□ lürlilo □ warm □ turnen □ lorneln

St st

□ Stunde □ Strelöp □ steugrö □ stark

□ Stange □ Ströngi □ streng □ ströbu

□ Stapilf □ Stufe □ strofeln □ stören

□ Sturimp □ Stift □ steigen □ strökeln

□ Stirn □ Storzop □ ströseln □ streiten

□ Strauch □ Steukol □ stungeln □ streichen

Abschreiben: Wörter mit Bedeutung ankreuzen und auf der folgenden Seite in die zugehörigen Schreibfelder übertragen.

r

St st

Abschreiben: Wörter mit Bedeutung von der vorhergehenden Seite in die zugehörigen Schreibfelder übertragen.

Sp sp

- ☐ Spur
- ☐ Spaholf
- ☐ spoloren
- ☐ sparen

- ☐ Sport
- ☐ Spüschi
- ☐ spülen
- ☐ sprauken

- ☐ Spütole
- ☐ Specht
- ☐ spuluten
- ☐ spüren

- ☐ Speikro
- ☐ Spange
- ☐ sprechen
- ☐ sprofen

- ☐ Sprudel
- ☐ Spatosch
- ☐ sperkeln
- ☐ springen

Pf pf

- ☐ Urpfulu
- ☐ Kopf
- ☐ Schnupfen
- ☐ Bepfer

- ☐ Topf
- ☐ Klümpf
- ☐ fupfen
- ☐ hüpfen

- ☐ Spropfo
- ☐ Apfel
- ☐ schimpfen
- ☐ blümpfen

Qu qu

- ☐ Quapral
- ☐ Qualm
- ☐ quafrot
- ☐ quer

- ☐ Quataul
- ☐ Quark
- ☐ quaken
- ☐ quebeln

- ☐ Quadrat
- ☐ Quekül
- ☐ knaquaf
- ☐ bequem

Abschreiben: Wörter mit Bedeutung ankreuzen und auf der folgenden Seite in die zugehörigen Schreibfelder übertragen.

Sp sp

Pf pf

Qu qu

Abschreiben: Wörter mit Bedeutung von der vorhergehenden Seite in die zugehörigen Schreibfelder übertragen.

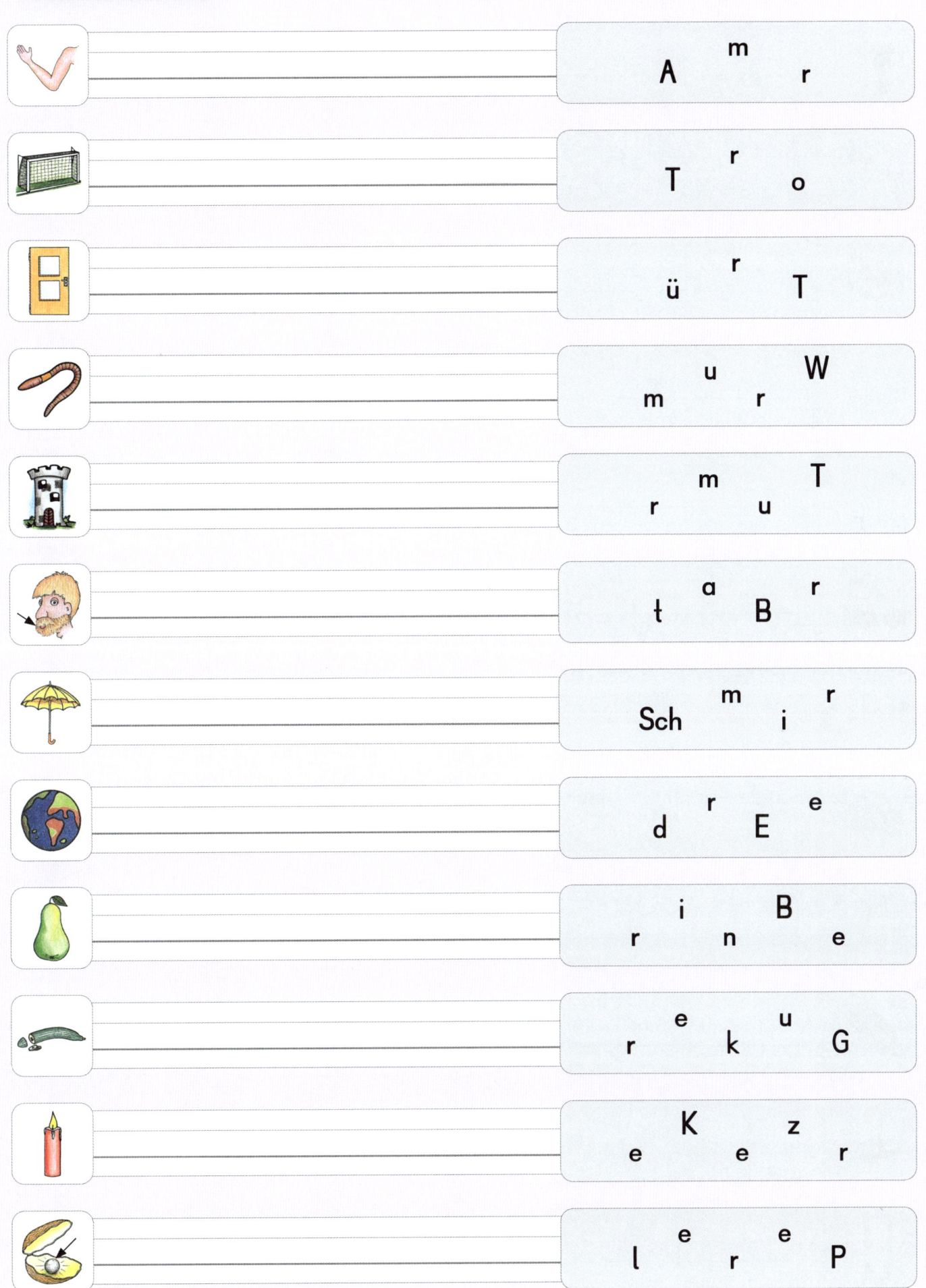

Arm

Tor

Tür

Wurm

Turm

Bart

Schirm

Erde

Birne

Gurke

Kerze

Perle

Wörter schreiben.

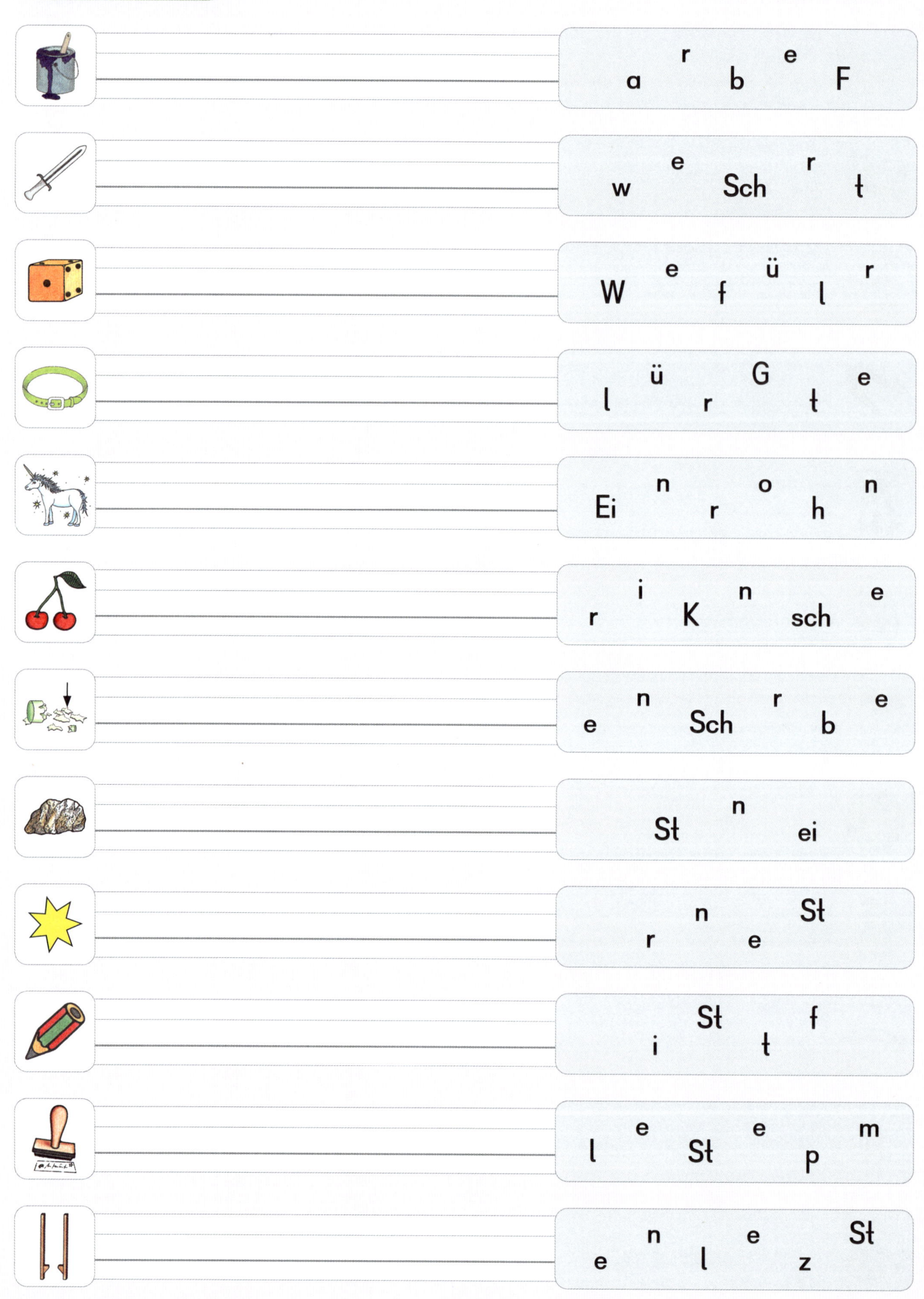

a   r   b   e   F

w   e   Sch   r   t

W   e   f   ü   l   r

l   ü   r   G   t   e

Ei   n   r   o   h   n

r   i   K   n   sch   e

e   n   Sch   r   b   e

St   n   ei

r   n   e   St

i   St   t   f

l   e   St   e   p   m

e   n   l   e   z   St

Wörter schreiben.

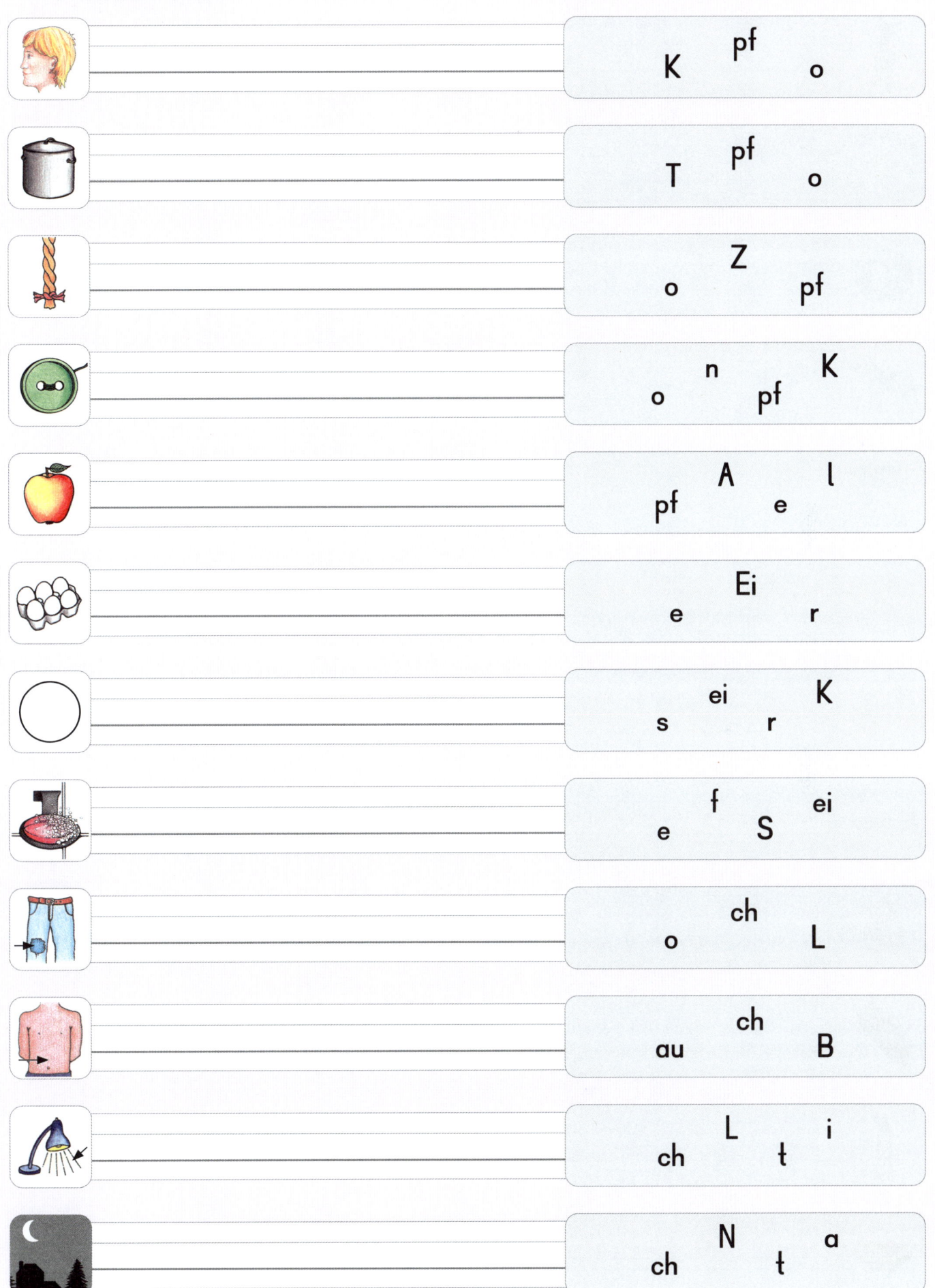

K pf o

T pf o

o Z pf

o n K pf

A l pf e

Ei e r

ei K s r

f ei e S

ch o L

ch au B

L i ch t

N a ch t

Wörter schreiben.

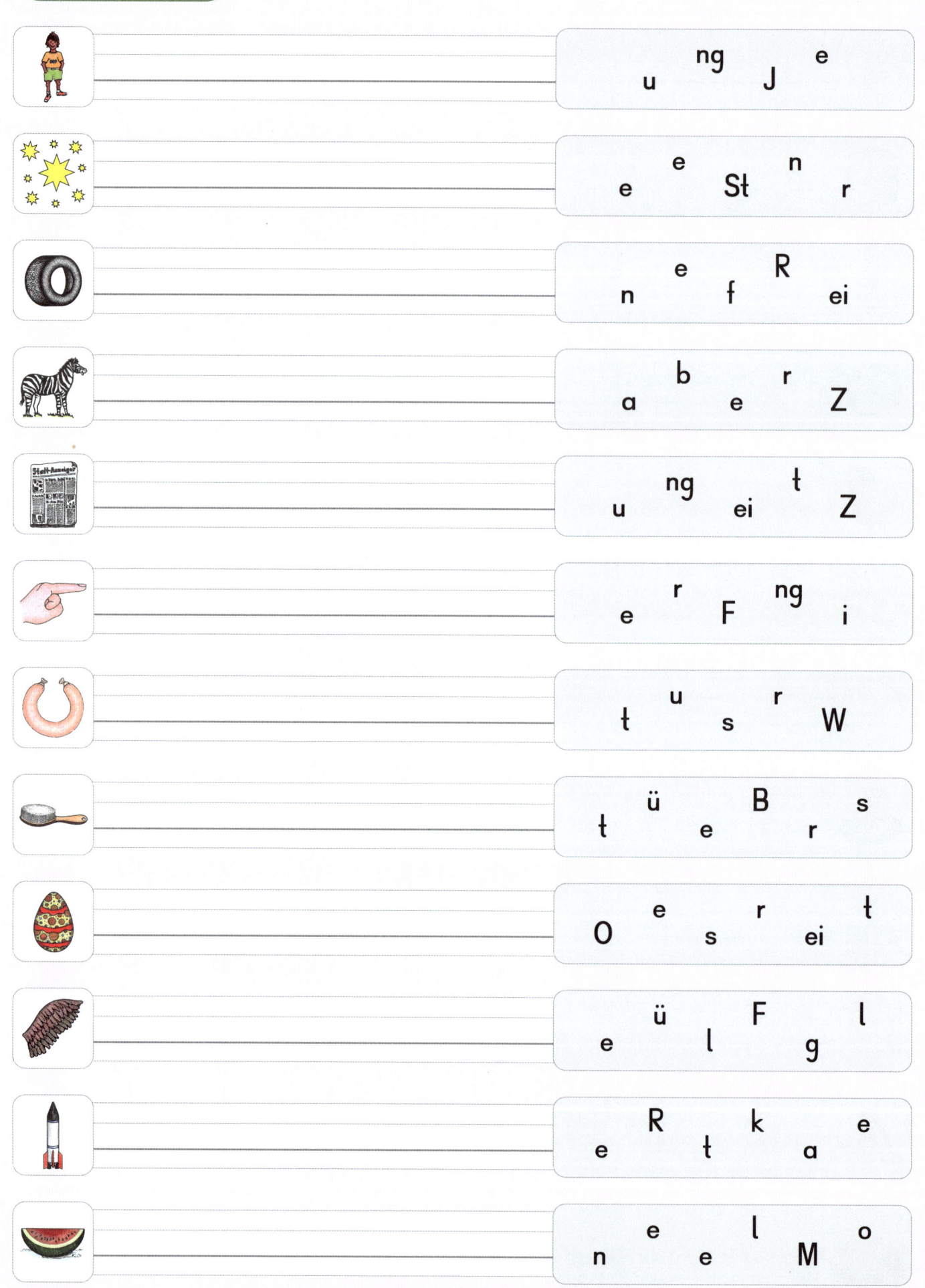

u	ng	J	e

e	St	n	r
e			

n	e	R	
	f	ei	

a	b	r	Z
	e		

u	ng	ei	t Z

e	r	F	ng i

t	u	r	W
	s		

t	ü	B	s
	e	r	

O	e	r	t
	s	ei	

e	ü	F	l
	l	g	

e	R	k	e
	t	a	

n	e	l	o
	e	M	

Wörter schreiben.

Bild	Buchstaben
(Gemüse)	ü e m / e s G
(Tomate)	m e o / t a T
(Banane)	a B a / n n e
(Kanone)	o e a / n n K
(Kleber)	K l b / e r e
(Knoten)	n t o / e K n
(Knochen)	o ch n / n e K
(Drachen)	e n a / D r ch
(Tropfen)	e o n / T r pf
(Trichter)	e t r / r T ch i
(Zitrone)	r i e / o Z t n
(Zauberer)	e r r / Z b e au

Wörter schreiben.

Bild	Buchstaben
Telefon	e T l n f o e
Elefant	E n e a l t f
Königin	n i i ö g n K
Laterne	L e t a r n e
Pistole	P i i s o l t
Nashorn	n N h a r s o
Fenster	F t e s r n e
Hamster	a t e s H r m
Gespenst	e t G s sp n e
Sparschwein	w a n Sp r sch ei
Schultüte	e ü t l u t Sch
Schokolade	d e o k o l a Sch

Wörter schreiben.

 **Ü ü**

 Eine Tüte mit Gemüse.

Hunde lügen nicht.

Schüler lesen Bücher.

Küken haben Flügel.

Jedes Haus hat Türen.

Eine Gurke ist grün.

Sch sch

 Menschen schlafen.

Scheren schneiden.

Schule macht schlau.

Der Fisch ist frisch.

Der Schal ist schön.

Auch Schafe naschen.

Abschreiben: Sätze auf der folgenden Seite neben die passenden Bilder schreiben.

Eine Tüte mit Gemüse.

Menschen schlafen.

Abschreiben: Sätze von der vorhergehenden Seite neben die passenden Bilder schreiben.

 Menschen bauen Autos.

Raupen mögen Kraut.

Der Zaun ist braun.

Kein Baum ist blau.

Taucher tauchen auf.

Augen schauen genau.

 **Ö ö**

Köche brauchen Töpfe.

Kein Löwe ist böse.

Knöpfe lösen sich.

Flöten machen Töne.

Kröten flöten nicht.

Möwen mögen kein Öl.

Abschreiben: Sätze auf der folgenden Seite neben die passenden Bilder schreiben.

 Menschen bauen Autos.

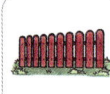

 Ö ö

Abschreiben: Sätze von der vorhergehenden Seite neben die passenden Bilder schreiben.

Ch ch

Wir brauchen Licht.

Rechnen ist leicht.

Bücher machen reich.

Acht Taucher suchen.

Auch Drachen lachen.

Ein Brötchen ist weich.

Ei ei

Zeiger zeigen Zeit.

Am Bein ist Seife.

Zwei ist nicht drei.

Im Eimer ist ein Ei.

Bananen reisen weit.

Ameisen bleiben klein.

Abschreiben: Sätze auf der folgenden Seite neben die passenden Bilder schreiben.

Ch ch

Ei ei

Abschreiben: Sätze von der vorhergehenden Seite neben die passenden Bilder schreiben.

Schlangen singen nicht.

Der Ring ist eng.

Der Junge ist jung.

Eine Heizung ist warm.

Inge hat eine Zange.

Ingos Zunge ist lang.

Eu eu

Im Euter ist kein Heu.

Der Euro ist neu.

Das Feuer leuchtet.

Eulen heulen heute.

Neun Leute freuen sich.

Freunde bringen Freude.

Abschreiben: Sätze auf der folgenden Seite neben die passenden Bilder schreiben.

ng

Eu eu

Eu
eu

9
Leute

Abschreiben: Sätze von der vorhergehenden Seite neben die passenden Bilder schreiben.

Ch ch

Der Strauch hat Zweige.

| Strauch | Becher |

Die Birne ist eine _____ .

| Frucht | Nacht |

Die Nase ist im _____ .

| Bauch | Gesicht |

Fünf ist kleiner als _____ .

| acht | leicht |

Die Kinder _____ Krach.

| machen | rechnen |

Das _____ leuchtet noch.

| Buch | Licht |

Ei ei

Wir _____ eine Seite.

| kneifen | schreiben |

Die Lichter _____ .

| schreien | scheinen |

Eine Feder ist _____ .

| reich | leicht |

Flüstern ist _____ .

| leise | klein |

Wir _____ in Zügen.

| schneien | reisen |

Bein reimt sich auf _____ .

| fein | Reifen |

Richtige Wörter ankreuzen und in die Lücken schreiben.

69

ng

Die _____ ist aus Eisen.

Stange
Zeitung

Am _____ ist ein Nagel.

Finger
Umhang

Wolken _____ Regen.

singen
bringen

Die _____ ist zu laut.

Zunge
Klingel

Oma hat noch _____ .

Schlange
Hunger

Wir _____ an zu lachen.

fangen
angeln

Eu eu

Nina ist Susis _____ .

Eule
Freundin

Der Ring ist zu _____ .

teuer
heute

Eule reimt sich auf _____ .

Beule
neun

Der Einkauf ist im _____ .

Beutel
Euter

Der Hase ist _____ .

Euro
scheu

Die _____ hat ein Tor.

Scheune
Keule

Richtige Wörter ankreuzen und in die Lücken schreiben.

Birnen werden weich.

Sport ist ein Wort.

Wurzeln lernen nicht.

Eine Perle ist hart.

Würmer mögen Erde.

Unser Körper ist warm.

St st

Stempel stempeln.

Stacheln stechen.

Jede Stufe ist steil.

Sterne streiten nicht.

Der Stift hat Streifen.

Wir starten auf Stelzen.

Abschreiben: Sätze auf der folgenden Seite neben die passenden Bilder schreiben.

„Sport"

St   st

Abschreiben: Sätze von der vorhergehenden Seite neben die passenden Bilder schreiben.

Sp sp

Sprudel sprudelt.

Springen ist Sport.

Am Spaten ist Erde.

Wir sparen im Schwein.

Spechte sprechen nicht.

Pf pf

Der Apfel ist im Topf.

Am Kopf ist ein Zopf.

Im Napf ist ein Knopf.

Qu qu

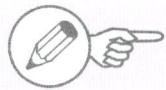

Ein Sofa ist bequem.

Qualm ist eine Qual.

Es quakt im Quadrat.

Abschreiben: Sätze auf der folgenden Seite neben die passenden Bilder schreiben.

Sp sp

Pf pf

Qu qu

Abschreiben: Sätze von der vorhergehenden Seite neben die passenden Bilder schreiben.

Am Haus ist ein _____ .

Bart
Garten

Heute ist nicht _____ .

morgen
Würfel

Wir _____ auf den Bus.

warten
starten

Menschen haben _____ .

Türme
Arme

Wir _____ beim Sport.

turnen
werden

Rosen haben _____ .

Wurzeln
Laternen

St st

Ein _____ hat Zweige.

Stein
Strauch

Eine _____ ist Zeit.

Stufe
Stunde

Der Sturm ist _____ .

stark
steil

Wir _____ auf Berge.

steigen
stechen

Lampen brauchen _____ .

Strom
Stempel

Zwirn reimt sich auf _____ .

Stange
Stirn

Richtige Wörter ankreuzen und in die Lücken schreiben.

Sp sp

Wir _____ in der Spüle.

| spülen |
| springen |

_____ ist ein Gemüse.

| Sport |
| Spargel |

Tinas _____ ist neu.

| Spur |
| Spange |

Wir _____ für Arme.

| spenden |
| sprudeln |

Wir _____ nicht laut.

| sparen |
| sprechen |

Deutsch ist eine _____.

| Sprache |
| Spalte |

Pf pf

Wir _____ an Türen.

| schimpfen |
| klopfen |

Wir springen und _____.

| stopfen |
| hüpfen |

Berge haben einen _____.

| Kampf |
| Gipfel |

Regentropfen _____.

| tropfen |
| stapfen |

Die Nudeln _____.

| tupfen |
| dampfen |

Uli hat einen _____.

| Schnupfen |
| Wipfel |

Richtige Wörter ankreuzen und in die Lücken schreiben.